一流のエグゼクティブが実践する

初対面から信頼関係を築く

Mastering First Impressions

第一印象の磨き方

丸山ゆ利絵　プレゼンス・コンサルタント

日本実業出版社

はじめに

あなたは初対面でどんな印象を持たれたいですか？

そう聞かれたとき、多くのビジネスパーソンは「信頼されるような印象を与えたい」「信頼につながるようなよい印象を与えたい」と答えます。

彼、彼女らの口からよく出てくるキーワードは「信頼」です。しかし実際は、豊富な経験や能力を持っていながら、それを相手に伝えるのに時間がかかり、結果的に誤解されたり、軽く見られたりして、信頼に結びつかないケースが少なくありません。

もし、あなたがこれまでつぎのようなことを感じたことがあるなら、あなたの何かが信頼を邪魔をしていると考えたほうがいいでしょう。

- **せっかくの能力が伝わらず、最初から信頼されにくい**
- **自分が望むイメージとは違う見られ方をしてしまう**
- **よい印象を与えられず、その後の成果につながらない**

こうした状況は、あなたの実力が過小評価される原因があり、そのせいで信頼できる印象を与えることに失敗していることを示しています。そのままでは、商談、プレゼンテーション、面接などで、本来であれば手にできるはずであったビジネスチャンスを逃してしまう可能性があります。

しかし、それはあなたの能力や人格のせいではありません。単純なスキル不足でしかないのです。「印象で信頼を勝ち取るスキル」を持ち合わせていないだけなのです。私の経験からしても、このスキル不足であるがゆえに、人からの信頼を勝ち取るのに時間がかかり、うまく能力を開花させられない人は少なくないと言えます。

信頼は時間をかけて築くものと考えがちですが、じつは一瞬で相手の信頼を得ることも可能です。優れたビジネスパーソンは、印象を意図的にコントロールし、ほぼ会った瞬間に相手の信頼を獲得しています。そして、あなたもこのスキルを身につけることが可能です。さあ、ここから読み進めていってください。

申し遅れました、私は丸山ゆ利絵と申します。「エグゼクティブプレゼンス」の専門家として、経営者やエグゼクティブ（経営幹部）、士業のみなさんをコンサルティングしています。

「エグゼクティブプレゼンス」とは、「上に立つ人の資質」「リーダーシップの重要なパート」とされる存在感や雰囲気、風格や重みを指します。簡単に言えば、「できる」「プロフェッショナル」「頼りがいがある」「影響力」「オーラがある」と連想させるような、自然に信頼や期待を引き寄せる「感じ」のことです。

そう言うと、単なるイメージアップと誤解される方も少なくありませんが、ビジネス先進国ではリーダーシップを構成する要素として認識されており、経営者や管理職などキャリア上位者に必須とされます。優れたビジネスパーソンが持つ、ほぼ会った瞬間の第一印象で相手の信頼を獲得するスキルの正体です。

「エグゼクティブプレゼンス」は、後天的に身につけられるビジネススキルです。リーダーとしての責任感を持ち、社会的な評価や信頼を手に入れたいと能動的に考える人が身につけることができます。ですから、多くの本の中から本書を手にとった時点で、あなたはエグゼクティブプレゼンスを身につける素質があると言えます。

このスキルを身につけて、「印象」を自分で選択する意図を持ち、信頼される自分を選択する意識を持ってください。

「印象」というと、非常に感覚的であやふやなイメージを持つかもしれませんが、感覚的であるからこそ、すばやく情報を人に伝えます。また、印象は、理性という人間が知覚できる意識の領域ではなく、もっと奥深い感情や本能といった領域に作用します。ですから、相手と会って話し始めるときには、すでに印象が相手の感覚に作用し、あなたに対する考えや評価すべてはすでにその印象に影響されています。

とくに相手の頭に最初のインパクトを与える第一印象に注意しましょう。最初のインパクトを「初頭効果」と言い、その後に生まれる印象に強く影響し続けるからです。印象とはそのように怖く、だからこそ使い方しだいであなたの好感度を上げ、評価を高め、相手も自分も気づかないうちに信頼を強める効果を持ちます。

この本では今まで数千人のビジネスパーソンにトレーニングした「エグゼクティブプレゼンス」習得のノウハウから抽出し、ちょっとあざとい印象アップテクニックからあなたを本質的な成長に導くマインドセットまでをお伝えします。ぜひ自分で自分の印象をコントロールする、選択する意図を持って実践していってください。

２０２４年11月

著者　丸山ゆ利絵

はじめに

第3章 品と知性を実装する

第4章 親しみを勘違いしない

第5章 服装を味方にする

第6章 小物で引き締める

第7章 声と話し方を選ぶ

第8章 つかんだ信頼を離さない

ブックデザイン：山之口正和＋齋藤友貴＋中島弥生子
（ＯＫＩ－ＫＡＴＡ）
ＤＴＰ：一企画

第1章

信頼は「一瞬」で勝ち取れる

1

あなたが信頼されるのに時間がかかる理由

あなたは取引先などからなかなか思うようにすぐに信頼されないと思うことはありますか？　もしそうなら、無駄な時間をかけすぎているかもしれません。

私はトレーニングを希望する方にインタビューをするときに、ひどくもったいないと感じることがあります。すばらしいキャリアや経験、能力、責任ある役割などをお持ちなのに、平均して約20分ほど話を聞かないとそれがわからないことが多いのです。つまり、**その人のすばらしさが最初から伝わってこない**のです。

これは人格の問題ではなく、スキル（技能）と意識の問題です。スキルの問題としては、多くのビジネスパーソンが信頼を得たいと考えているにもかかわらず、すぐに信頼を勝ち得る工夫を実際には身につけていないことです。意識の問題としては、一瞬で自分の価値をわからせようとする気概が、ほとんどの人にないことです。どこかのんびりしているのです。

インタビューのように自分の話に時間をかけられる機会ならまだしも、ふだんのビジネスではそういきません。私たちは人を信頼する前の段階で、相手を無意識に測りますが、それは一瞬から数分のことです。また、その短時間のあいだにすべてわかった気になってしまうケースが多いことが心理学の研究でわかっています。しかも、その**最初の一瞬から数分の印象が、かなり後まで相手の判断に大きく影響する**可能性もすでに指摘されています。

言葉での表現は工夫しだいで効果を持ちますが、一瞬から数分で多くを語るのは難しいものです。もし語れたとしても、その人の印象が言葉を支えるものでなければ説得力がないからです。つまり、一瞬で自分の価値をわからせようとする気概、そして基本的なスキルが求められているのです。

POINT

一瞬で自分の価値をわからせようとする気概とスキルを持つ

2

信頼とは何か、なぜ重要か？

そもそも、「信頼」とは、私たちにとって、どんな意義があるのでしょう。それがわかると、信頼を得やすいポイントがもっとわかってくるかもしれません。信頼は私たちに何をもたらしてくれるのでしょうか？

社会学や心理学では「信頼」の定義や形成のされ方について多く研究されています。社会学では、似た言葉の「信用」が、人に対する期待よりも特定の行動や結果などの状態に対する期待が中心の概念だそうです。一方、「信頼」は人間関係の質や深さにもとづく期待とされていて、その期待が裏切られないという感情的な確信も伴うものであるという説明があります。つまり、**「信頼」は人そのものへの高い評価や好意までを含んだ概念**と言えます。そう考えると、私たちにとって、信頼は自己価値（自分の価値）を感じられるようにする大切な要素です。自分への信頼に価値を感じ、それを求めようとするのは自然な感情と思えます。

「信頼」は自己価値のバロメータであることにくわえて、重要な社会の機能としても意味があるそうです。なぜなら、人間同士の信頼が保たれている社会は、円滑な社会活動や人間関係の構築がしやすく、社会運営の点から効率的だからです。当たり前すぎてふだん意識していませんが、私たちが相互の信頼を維持するためになんとなくそれなりの努力をしているのはどこかでそれを理解しているからでしょう。とくに**ビジネスでは、円滑な関係を効率的に築くために信頼を得る努力は意義のあるもの**なのです。実際、「エグゼクティブプレゼンス」もポジションや役割の重みにふさわしい信頼を早期に勝ち取る技術として、一定以上のキャリアを持つビジネスパーソンには必要なのです。

自己の価値を上げ、ビジネスをうまく動かしていくために、やはり信頼は大切です。また大げさでなく、社会をスムーズに動かすのは一人ひとりの信頼への努力です。

POINT

信頼は自己価値であり、ビジネスを動かすうえで必要なもの

3

「信頼関係は時間をかけてつくるもの」は本当か？

信頼は時間をかけてつくるものだと考える人は多いと思います。「信頼は築くのが非常に難しく、壊すのは非常に簡単」と格言があるとおり、信頼には長期的な関係性の中で誠実さ、一貫した行動などを細心の注意で示し続けることでやっと培われる側面が確実にあります。ただ、詐欺師などは、他人から金品をだまし取ることができるわけですが、その手口の多くは一瞬で他人から信頼を獲得することによるものです。たとえは悪いですが、**信頼には短期で獲得する方法も存在する**と言えませんか？

信頼を長期的なスパンでとらえることは個人的なつきあいでも、ビジネス上の関係性でも本当に大切です。

ただし、「時間をかけてつくる」意味が、信頼を継続する努力でさらに深め、より強固な関係を築いていくのを目指すことであればすばらしい考え方です。しかし、もし「最初から信頼されなくて当たり前、いつかわかってもらえればいい」などとのんびり構えるという意味なら、間違いだと言わざるを得ません。**最初に与える印象をないがしろにするのは、本当の長期的な信頼関係にとっても大きなマイナスとなる**からです。

前にも言ったように、私たちは人を信頼する前の段階で、一瞬から数分のうちに相手を無意識に測ります。人は理性の前に本能で状況や相手を見分けます。大雑把な脳の部位で言うと「大脳辺縁系」と言われるあたりの反応です。この反応が「この人はＯＫ」であってはじめて、その先の信頼へ進めるのです。

そうした人間の習性に無頓着な人は信頼を勝ち取るのに時間がかかり、また失敗もしやすいです。一方、詐欺師はそこを学んで、やすやすと人の本能によい評価をさせる技術を手に入れ、短時間で信頼を勝ち得ることを可能にしているのです。詐欺を例にすると、それが悪徳テクニックのように思えるかもしれませんが、学びや技術の向上の目的が悪事ではなく健全な信頼関係なら、むしろビジネスパーソンには必要不可欠です。この本ではそこもふまえて説明していきますのでご覧ください。

POINT

信頼は時間をかけてつくることも大切だが、一瞬で獲得するスキルも学ぶべき

4

信頼は「時間投資効率」抜群

長期的な視点での信頼は、時間効率を重視する「タイパ」＝タイムパフォーマンスがあらゆる場面で重視されています。やや行きすぎを感じるときもありますが、ビジネスではやはり気にすべき感覚です。では、人から信頼を得ようとするときは、みなどれだけタイパにこだわっているでしょうか。

米国などのビジネスエリートは、効率や生産性にシビアな感覚を持っており、自分の印象アップやイメージ形成のためには費用や時間を投資します。このような努力をするのは、印象、とくに最初に与える適切な印象が、その後のビジネスでのタイパに大きく影響することを理解しているためです。適切な印象とは、十分な好感度、実力やキャリアがある雰囲気など、他人が信頼を感じそうな印象です。**最初に「信頼できそうな人」と相手に思わせることは投資効率が高い**と見越しているのです。

「**初頭効果**」は聞いたことがあるでしょうか。心理学で言われる、何かについての第一印象が、その後の情報処理や判断に強い影響を与える現象を指します。心理学者アッシュの研究では、後からの情報が最初の情報と同等以上に強力でなければ最初の情報の効果をくつがえすのは難しいことを示しています。また、通常は初頭効果に続いて「**確証バイアス**」という無意識の作用が生じることもわかっています。これは、最初の情報を起点に物事を評価し、最初と違う情報が入ってきてもそれを排除したりする作用で、初頭効果から生じた印象がそれによってさらに強化されます。

つまり、**最初にあなたが相手に「信頼できそうな人」という印象を与えられれば、その高い評価がその後のあなたの評価の出発点になります**。相手はあなたの言動を見ては無意識に「やっぱり信頼できる」と納得を繰り返し、よほどのことがなければ、その信頼は複利的に増えていくイメージです。

そして逆の印象であれば、よほどのことがなければ信頼を失い続ける図式になります。信頼でもタイパにこだわるのが賢明です。

POINT

第一印象で獲得した信頼は複利的に増えていく

5

「印象」についてこれだけは知っておく

ここまで「印象」という言葉を多く使ってきました。ここで「印象」とは何かを改めて確認しておきましょう。「印象」は誰もが知る言葉ですが、その意味は意外ときちんと知られていません。適切な印象を人に与えるためにはそれについてよく知る必要があります。

まず、多くの人は「印象」を「第一印象」と同じく、最初だけに必要なことだと考えがちです。また、人の容姿や服装など視覚だけにもとづいたものと漠然《ばくぜん》と思っている人も少なくありません。しかし、それは誤りです。

印象とは、人が対象物について五感を通じて取り込んだ情報を自分の脳で感知し、それによって生まれる反応のこと。つまり、最初だけでなく、日常生活の中でつねに生まれており、視覚だけでなく五感（視覚、聴覚、嗅覚、触覚、味覚）のすべてから得た情報により形成されるものです。もちろん、視覚はその中でもかなり大きな役割を果たしますが、ほかの感覚も働いていることを忘れないでください。

印象は、思考よりも迅速に生まれる認知です。脳は五感からの情報をほとんどの場合、瞬時に処理するからです。その処理結果は無意識のうちに初期の評価を形成して、思考や判断などのもとになります。その間わずか3秒程度と言われています。つまりあなたが誰か人に会えば、3秒のうちにあなたの外見や服装、声や話し方、動き、体臭などまでパッと判定が行われ、それをもとに「信頼できそうな人」「できなさそうな人」と思考が分かれていくのです。無意識のうちなので、印象を感じた本人も知覚しないまま思考や判断がその印象に影響されていきます。

ですから「今日はたまたま……」などの言い訳をあとから言葉でしても何にもなりません。日ごろから自分にとって適切であるように考える、それが自分が人に与える印象に関しての正しい態度だと覚えておいてください。

POINT

印象を正しく理解して日ごろから気をつける

6

第一印象の悪さは取り返せるか？

第一印象が重要なのは、その印象がアンカー（基準点）となり、人の認知にバイアスがかかるからです。つまり、**最初の印象がその後の評価や判断の基準となり、そこから大きく動くことが難しくなる**ためです。

第一印象をくつがえすことは絶対に無理とは言われていませんが、一説には第一印象によるインパクトの8倍か同程度のインパクトを8回与えなければ難しいと言われるくらいです。「第一印象が悪くても取り返せる」と安易に考えるのは危険です。

そもそも、第一印象の悪さを取り戻すには相手とまた会ったり関わったりする機会が必要です。**初めの印象が悪い場合、再会のチャンスすらもらえない**可能性があることを忘れてはいけません。効率性が重視される昨今のビジネスでは、相手に時間を費やすかどうかの判断基準は厳しくなっています。

そして、その判断はほぼ瞬時に行われることが多く、一度「会う価値がない」と判断されれば、その後のやりとりの機会が与えられないことも少なくありません。初対面の場でよい印象を与えられなければ、つぎのステップに進む前に扉が閉ざされてしまうのです。そのあとは、よほどの価値ある提案を携えた状態でなければ、閉まった扉をふたたび開けてもらうことは難しいでしょう。

もしも、本当に価値ある提案を携えていったとしても、最初の悪い印象のせいで不当に低く評価されることさえあり得ます。これは心理学では「**ホーン効果**」と言う認知バイアスの一種によるもので、ある人物に対してネガティブな特性が何かひとつ以上印象づけられると、それに引きずられてほかの特性や行動も全体的に悪く評価されてしまう現象として知られています。こうなれば、たった一回の失敗がその後の時間を長く非効率なものにしてしまうことになります。

結局、初対面の重要性を理解し、第一印象の効果を最大限に高める準備をしておくことが、いちばん効率がいいのです。

POINT

第一印象が悪いと再会のチャンスすらもらえない

7

「こう見せたい」が信頼へのショートカット

「信頼を得やすい人って、どんな人でしょう？」このような質問を受けることが昔から多いですが、お答えする前にパッと思い浮かべるのは、自分の仕事の原風景。それは一流の人が行きかう高級ホテルです。私が社会人になったのは、そこがスタートでした。本当によい経験になりました。豪華なインテリアや一流のサービスを間近に見たことも勉強になりましたが、行きかう人々を見て「多くの人からの信頼、すばらしいキャリア」を連想するようなオーラや魅力を感じることばかりで、その理由に強い興味をかきたてられたのは、今につながるすばらしいきっかけでした。

信頼やすばらしいキャリアを感じさせるオーラや魅力を生む秘密や秘訣は、観察を続けていると徐々にわかってきました。そこからの経験をもとに研究したノウハウを、今は多くの人にお伝えしています。そこには**単純な「これをこうすればいい」といったテクニックだけでなく、その人が持つマインドの影響も強い**ことがわかっています。

たとえば、自分の仕事や役割、役職に責任を感じているかどうかです。それらにふさわしい印象を持つべきだと自然に考えられる人は責任感がある人です。それが「だから、こういうことに気をつけよう」「こういう見せ方をしよう」という能動的に印象形成に取り組む姿勢を生み、主体的に「こう見せたい、こう見せよう」と考え、実践する毎日を生むのです。

とても単純な話ですが、目指すこととそのために何かができている「整合性」の確信には、人の内面に意欲や自信、ポジティブさを生む作用があることがわかっています。これらは、人間の目の輝きや表情の明るさ、肌ツヤ、声、動作の雰囲気によい影響を与え、信頼に結びつくようなオーラや魅力になります。

これから「こう見せたい」を意識しながら、テクニックを実践していってください。それが信頼へのショートカットです。

POINT

信頼を得るには「自分をこう見せたい」と能動的に考えよう

8

意図を持ち選択する

信頼を長期的なスパンでとらえることは重要ですが、そのためにも第一印象をはじめとした瞬間瞬間の適切な見せ方や振る舞いこそ大切です。ではどんな見せ方や振る舞いが適切なのか、どう身につけるか、が知りたくなりますよね。そのスキルを詳細にお伝えする前に、お伝えしておきたいことがあります。

信頼される社会人に必要なのは「意図を持ち選択できること」です。まず前提として、社会一般で「これが高く評価されやすいよ」という傾向をルールとしてしっかり理解しておきましょう。前述したとおり、信頼は自己価値のバロメータであり、相互の努力によって社会全体に寄与するものですから、多くの人が納得しやすい常識やルール、マナーなどを基本知識として持っておくことは必要です。

ただし、それら常識やルール、マナーに対して、自ら考えることなく「こう言われたから」「本に書いてあったから」と従うだけではだめです。**人と関わりあうときは、細か**

い状況の違いや相手に与えたい感情に対して自分の判断があり、それをもとに適切な行動を選ぶ必要があります。大事なのは社会一般の決まりごとを選択肢としてとらえ、そこから適切なものを選ぶための自分の「意図」を持つことです。意図とは「こうしよう」という積極的な判断と姿勢です。

たとえば「初対面のときは通常ビジネスフォーマル」とあるとします。ビジネスフォーマルとは、ビジネスの場面で最上級に格式が高いとされる服装で、男性であればダークなビジネススーツと考えればいいでしょう。ここで何も考えずにそのまま着るのと、いったんは「どんな場面か、どんな相手か、相手にどんな感じを与えたいか」をきちんと考えてビジネスフォーマルを選ぶのとでは大きな差があります。たとえば「あまり堅苦しい雰囲気にして相手との距離を取りすぎたくない」と思えば、ビジネスカジュアルを選択することもあり得ます。こんなときに基本的な常識やルール、マナーは適切な色や形を選ぶガイダンスになるでしょう。それはあくまで選択肢であり、あなたを縛りはしないものです。自分の意図と選択を意識してください。

POINT

基本的な知識を得て、意図を持って選択することを意識する

9

信頼は「スキル」で獲得できる

第一印象の重要性は前述しましたが、ただ印象をよくすればいい、というものでもありません。「よさそうな人」という印象は大事ですが、ビジネスの場面では、能力や経験値の高さなどビジネスパーソンとしての有能さがよい意味でのインパクトとなり、早期に信頼を獲得する筋道になります。そのために自分の見た目や振る舞いを磨いてください。ここから内容をご紹介します。

すばらしいキャリアや経験、能力、責任ある役割などを知るために話を聞く時間が必要である人が多くてもったいないないという話をしました。これは結局、セルフプロデュースができていないので見せ方や振る舞い方が整っていないということです。自分自身が自分をどう評価しているのか、どう見せていきたいのか、まず自分のことを知ることが出発点です。

雰囲気として品や知性を感じさせることは相手に安心感を与え、社会人として高く評価されやすいので意識したいところです。IQを上げるということではありません。品や知性を漂わせる見せ方や振る舞い方を知り、また人との適切な距離感についても心得るということです。

服装のルールも知っておくと、どんなときも信頼にふさわしい雰囲気を身にまとえます。また、服装や小物は自分を適切に表現できるツールです。そのための演出の知識も持っておきましょう。

また、人は人を信頼する前の段階で相手を無意識に測る、と何度かお伝えしましたが、そのときに手がかりとなるのは見た目だけでなく、耳で聞こえる声や話し方も大きく影響します。発声のことや嫌われない話し方も知っておきたいことです。

見せ方、振る舞い方にはこれだけ種類があります。「けっこう多いな」と心配になった人もいるかと思いますが、一つひとつはそれほど大したことではありません。「なんだ、そんなことか」と思って読んでいるうちにあなたは変わるはずです。

POINT

信頼は印象を磨けば獲得できる。さあ始めましょう

COLUMN

「エグゼクティブプレゼンス」とは？

冒頭ご紹介した「エグゼクティブプレゼンス」とは、上に立つ人、リーダー格の人にふさわしい存在感や雰囲気、風格や重みを指します。男女関係なく、すぐに「上に立つ人」「リーダー」とわかるような雰囲気です。

特別な言葉に感じるかもしれませんが、英語圏ではリーダーシップの重要なパートとして、その有無が個人の業績評価や人物評価基準にも影響するビジネススキルです。

見たとたんに「できそう」「プロフェッショナル」「頼りがいありそう」「オーラがある」と感じる人にあなたも一度は会ったことがあるのではないですか？　そんなふうに自然に期待や信頼を呼び寄せる、全体的な完成度の高さです。

そんなものがあるのは素質の違い、とあきらめる人も多いエグゼクティブプレゼンスですが、必要に応じて自分で身につけるビジネススキルです。身につけやすい人は自分の役割に対する責任感がある人です。そのような人は自分が何を期待され、それにどう応えるかを能動的に考え、必要な行動を主体的に選び取ろうとする、いわば「セルフプロデュース意識」も自然に持てます。それがあれば、それをもとに自分を表現する力や自分を巧みに演出する力を伸ばせばよいのです。難しく考えることはありません。

第2章

自分を知り プロデュースする

10

セルフプロデュースの意識

あなたがこれからより多くの人に信頼されたいなら、セルフプロデュースの意識を持っておきましょう。

セルフプロデュースとは、自分が持つ魅力や能力を的確に表現するために、外見や振る舞いにほどよい演出を施すことです。これを意識できている人は、自分にとって好ましい印象を人に与えやすく、第一印象でも有利です。また、それはそのまま信頼感にもつながりやすいのです。

では、セルフプロデュースは具体的に何をするのか、何から始めるのでしょうか？

「自分がどうありたいのか」、あるいは「自分はどんな人物だと見てもらいたいのか」をあらためて考え、自分の外見や振る舞いは本当にその考えと合致しているかをしっかり見直してみることです。

セルフプロデュースを意識できている人が好ましい印象を人に与えやすい理由は、「その人が表現したい自分のイメージ」と、「その人の外見や振る舞いなどの方向性」が一致しているからです。これは、自分が望む自分をしっかり理解しているからこそできることです。違う言い方をすると、セルフプロデュースとは、自分自身をブランドとしてとらえ、外見や振る舞いを一貫性のあるイメージで統合することです。

一貫した見せ方ができることで、印象全体は整えられ、それだけでも好ましい印象となります。それだけではなく、自分というブランドに対する確信を引き出し、それが自信として雰囲気に加わります。それはまた、その人の雰囲気を印象的なものにするのです。その人自身につりあった適切な外見と振る舞いは、落ち着きや余裕も醸し出し、周囲に安心感を与え、期待も裏切りません。よって、信頼されやすいのです。

セルフプロデュースは、強い差別化をはかる必要がある個人事業主や独立系専門家のすることと思われがちですが、会社員など組織に属する人にも必要です。それは、自分を適切にアピールしなければ、勝てない時代になってきているからです。

POINT

外見や振る舞いを演出して自分の魅力や能力を的確に表現しよう

11

自分を知るだけで信頼感はアップする

セルフプロデュースの第一歩は、「自分がどうありたいか」や「どんな印象を与えたいか」を考え、それに合わせて外見や振る舞いを見直すことだと前述しました。しかし、もしもご自身やそのブランドについて考える機会が今まであまりなかった場合は、唐突でとまどうかもしれません。そんなときは自分をよく知ることから始めることをおすすめします。**自分の内面にアプローチして、自分が持つ思いや価値観に触れれば「自分のあり方やその理想」も描きやすくなります。**

自分を知るには、**まずは自分について知っていることをいろいろ書き出してみましょう。**「自分のことは自分でわかっている、書き出すなんて面倒」と思う人もいるかもしれませんが、書くことの効能をいかさない手はありません。

頭の中で考えることと、それを言葉や文章に書き出して目で確認することは、使う脳の部位が異なります。それに頭の中の思考は断片的で混沌としていることが多いです。これを言語化して視覚的に確認することは、ただ思考をめぐらせることよりも物事の理解を進め、自己理解だけでなく、思わぬ発想を生むことにも役立つのです。

書きやすいことから書き出してみてください。氏名、所属先、出身地、出身校や学部、特技や資格など。そして、そこから発想を広げていろいろなことを思い出してください。自分の名前の由来、幼少期になぜか夢中だった遊び、学生の頃に打ち込んだ活動、今の会社や仕事、こうした事実を書き出したら、「なぜ？」を自問してみてください。取るに足らない感情や記憶の断片が、自分が信念のように持ち続けている思いに気づかせてくれることがあれば、自分の中に流れる価値観をあらためて理解させてくれることもあります。

思いや価値観に気づくと、自分に対する確信が強まります。自分の芯が強くなるような内部変化が起こるのです。周囲と向き合う姿勢もしっかりし、信頼を得られます。周囲に自分をどう伝えるかは自分を知ることから始まると断言できます。

POINT

自分の思いや価値観に気づくと自分の芯が強くなる

12

相手が自分に求める価値を知る

自分への理解を深めるほど、自分以外の人のことも洞察しやすくなります。他者の立場や気持ちを推測する力が高まるからです。この力をいかして、つぎに「**自分が他者から何を求められるか**」を考えてください。もちろん、最も求められるのは仕事力ですが、ここで言うのは、あなたの印象や振る舞いです。

顧客や取引先、上司や部下、同僚など、信頼されたい相手が誰であれ、その人たちが自分に期待することを洞察する必要があります。そのヒントとなるのは「**あなたがどんな価値を提供している人か**」ということです。

あなたの所属や役職、役割、キャリアや実績によって提供価値は違います。大事なことはあなた自身が他者にどんな価値を提供できているかを自覚しているかどうかです。それがわかっていれば、自分が相手に与える印象もかなり戦略的に考えられるはずです。もしまだ、しっかり自覚ができていないと思われる場合は「自分は現在どのような価値を提供しようと努力しているか」を考えてみてください。

さらに、提案があります。**提供する価値に実際に「値段」をつけてください。**私の研修では、「自分の価値に値段をつける」というワークを行います。

まず自分の仕事はどんな相手にどんな価値を与えることかを書き出して、その価値を「いくらで与えているか」と具体的な金額を自分で書くのです。金額の考え方は比較的自由で、現在の年収を書く人もいれば、未来の希望額を書く人もいます。もちろん、仕事の価値はある意味「プライスレス」と考えるべきかもしれません。しかし実際に数字で書き出すと、自分の内面に覚悟が生まれそれも信頼の元となります。

研修では、最初はとまどう人が多いのですが、「意識が変わった」「新たな気持ちになった」など前向きな声が多く聞かれます。ぜひトライしてみてください。あらためて「何を求められているか」を感覚的にとらえられます。

POINT

自分の提供する価値に値段をつけると意識が変わる

13

ソリューションにピントを合わせる

自分が提供する価値を掘り下げるさいには、自分または属している組織が顧客や社会に提供するビジネスソリューションが何かを一度考えてください。ビジネスソリューションとは、読んで字のごとく顧客が抱える問題や課題を解決することです。それが何かということと、顧客が期待するイメージとを照らし合わせてみるのです。

まず、**自分や所属先に顧客が一般的に求めるであろうビジネスソリューションを割り出しましょう**。ここではそれほど難しくせず、シンプルに考えることです。

つぎに、そのようなソリューションを提供する側に求められるイメージを考えてください。つまり、**どのようなイメージの人間が、その分野での頼りがいや専門性を相手に感じてもらえるかという視点で想像する**のです。組織の場合、本来は組織ブランディングの一環として考える部分なので、すでに定義されているかもしれません。そうであれば、それを自分のイメージに落とし込んでください。逆にまだ組織全体で考えられていない場合は、自分自身の信頼のためにも、一度考えてみてください。

たとえば、提案型マーケティング会社であれば「先端の情報、自由な発想力」、銀行であれば「間違いない金銭管理や取引の遂行」かもしれません。そうすると、前者はフットワークが軽くカジュアルなイメージ、後者は堅実で堅いイメージを自然に想像しませんか？　しかし、もし実際に目の前にあらわれた人のイメージが反対であったらどうでしょうか。あなただったら、とまどいはしないでしょうか。

こういった組織や仕事のイメージと、個人のイメージにギャップがあることが必ずしも間違いというわけではありませんが、一度は「本来はどんなイメージが求められるか」を理解しておいてください。プロ意識が高い人は、顧客の求めるものに応えることを大事にします。そのほうが信頼され満足感を感じてもらう確率が高いからです。

POINT

提供するビジネスソリューションにふさわしいイメージを考える

14

「自己紹介」は名前と会社名で終わらせない

あなたは自己紹介をうまくできますか？　「名前と会社名くらいだったら」と思う方は残念ながらうまくできていないかもしれません。それでは印象に残らないからです。印象が薄ければ早いタイミングで信頼を勝ち取ることはできません。**名刺交換のときなどを含めて、自己紹介は自己アピールの機会としてぜひ大切にしてください。**

うまく自分をアピールするような自己紹介ができるようになるだけで、初対面から印象が強く魅力的な人になれます。ただ残念ながら、日本のビジネスパーソンは他国のビジネスパーソンに比べて自己紹介のときのアピールが下手という話をよく聞きます。それも当然かもしれません。日本では従来、謙虚さや奥ゆかしさを美徳と考え、自分のよいところを自分から言うのはいやらしい、言うのではなく人に気づかせることが本物だ、だから自己アピールはしなくて当たり前、と意識に刷り込まれている気がします。ですから、抵抗感を持つ人がけっこういるのではないでしょうか。しかし、ビジネスシーンでたびたび「下手」と言われるのはやはり課題かと思います。

解決方法は簡単です。いざ自己紹介をするときに他人はもちろん、自分でも「いやらしい」と思わずにすむように、自分の強みの表現をちゃんと練って、それを口にする練習をしましょう。**自分をよく知れば、自分の特徴や強みも言語化しやすくなる**はずです。自己アピールが下手な人は、単純に自分の強みを実際に口にすることに慣れていないためできません。とにかく言えるようにすることです。

また、**自分の強みが相手にどう貢献できるかという視点も組み合わせて考えましょう。**たとえば「○○でお役に立てる」「○○の提案で貴社に貢献できれば」という言い回しを添えることです。自分が納得できる内容であれば、口にしやすく、かつ相手側にとっても魅力的な自己アピールになります。

自分で納得できる自己アピールのひと言を持っておいて、言うこと自体に慣れれば、スマートで印象的な自己紹介ができるようになります。ぜひ磨いてください。

POINT

自己紹介に適切な自己アピールのひと言を入れられるようにする

15

キーワードを持っておく

自分が人に与える価値を考えたり、またそれを金額にしてみたりすると、自分の印象を評価するうえでひとつの基準点が生まれます。つまり、**その価値や金額にふさわしい印象を自分がきちんと持てているかどうか**です。このようなアプローチで自分を見ると、今の自分に何が足りないかもわかりやすくなると思います。

実際私が行うコンサルティングコースで、「わー、全然なってないないじゃないですか、僕！」と嘆いた人も何人かいらっしゃいました。目指すイメージが自分にはあると思いながらも、自分の価値やビジネス相手の期待にまったく合っていなかったことがわかったのです。これではビジネスの現場では信頼されにくいですね。

でも安心してください。「全然なってないない」現状がわかれば、あとはゴールとするところまで進むだけです。**ゴールとは、「自分がどうありたいか」や「どんな印象を与えたいか」など理想とするイメージをより具体的に定義する**ことです。

ここでおすすめするのは、自分が目指すイメージを端的に表す言葉を見つけ、それを**自分の持つべきイメージの基準を表すキーワードとして3つほど持っておく**ことです。弊社の研修でもワークとして登場しますが「理知的」や「落ち着き」、女性だと「優雅」、起業家の方は「創造力がある」などが人気です。自分がビジネス関係者にうわさされるとき「あの人は○○だね」の「○○」に入る言葉を想像して、感覚的にぴったりくる言葉を選ぶといいでしょう。それがあなたのイメージキーワードになります。言葉のリストがあると選びやすいですね。人を表す形容詞などを調べるとリストアップしやすいと思います。

キーワードがあれば、自分の印象を選択するとき、たとえば服装や振る舞いを選ぶときに照らし合わせることができ、自分がほしい印象と矛盾がない選択ができます。

POINT

自分の理想を表すキーワードで印象を評価する基準をつくる

16

他人から「フィードバック」をもらう

内側から自分を見ることによって、自己を確信しやすくなり、それが自信と信頼される「芯」を自分の中につくり上げます。もう一方で自分が他人に与えている印象を自己理解だけで判断するのは限界があります。人は自分を客観的に見ようとするときも自分の目というフィルターがかかることになりますので、どんな人でも100％客観的にはなれません。ですから、**自分が他人に与えている印象や振る舞いについてはぜひ上司や同僚からフィードバックをもらう機会をつくる**のがおすすめです。

といっても、今まであまりその機会がなかったなら、「私の印象をどう思うか」といきなり聞くと相手もとまどうと思います。フィードバックをもらうときには「ビジネスで知らない人からでも信頼がすぐに得やすくなるように、与える印象に気を配りたいので、自分の印象について意見を聞きたい」と趣旨をしっかり伝えてください。

そのうえで使っていただきたいのは前述のあなたのキーワードです。**相手に自分が使**

った言葉のリストを渡し、自分のイメージに近いキーワードを3〜5つ選んでもらってください。他者があなたに感じる言葉を知るだけでも新鮮な思いがして刺激になると思います。

あなたが選んだキーワードがその中に入っていれば、それなりに自分が意図した印象になっていると言えます。もし、まったくはずれていたら、それら違う言葉を選んだ理由を教えてもらってください。自分では気づかなかった改善点に気づける可能性が高まります。

米国などビジネス先進国の現場では生産性などの定量評価のほかに「エグゼクティブプレゼンス」や「インプレッション・マネジメント」などの定性評価があったり、定期的にチームの中で「印象や振る舞い方」に対するフィードバックをお互いに実施したりすることがあります。個人的にだけではなく、組織として取り入れていくべき機会だと思いますので、自分でできることから始めてみることをおすすめします。

POINT

フィードバックを積極的にもらって改善点に気づく

17

ネガティブな印象を持たれたらすぐ改善する

前項で自分の印象や振る舞いについてフィードバックをもらうことをお勧めしたもの の、ネガティブなものをもらうとつらいですね。たとえば「何となく偉そうに見えてしまう」「だるそう、疲れていそう」、そして「怖い」などのフィードバックです。じつは、これらは私のクライアントが実際にフィードバックでもらった言葉です。言われた本人は「そんなつもりはないのに」と納得しきれない様子です。しかし、自分はそのつもりがないのに、そう見えていることこそが問題なのです。

念のために申し上げると、彼らはとてもいい方たちであり、仕事ができるからこそ順調なキャリアを歩み、ポジションも上がっています。実際に話をしても、気づかいを感じることが多いです。しかし、ここで問題にしているのはこの方たちの内面の真実ではなく、印象を形成する表面の要素です。トレーニングで拝見していると、主に表情や視線、姿勢、声や話し方によるものが多い傾向にあります。ご参考までに、ネガティブな印象をもたれやすい原因をお伝えしますので、ご自身を振り返ってみてください。

ふだんから口角が下がっている／表情が乏しい／人とあまり視線を合わせない／眉根を寄せるクセがある／視力が弱いなどの理由で何かを見るときに目や顔をしかめるクセがある／ふだんからアゴが上がり気味／口がつねに半開き／声に抑揚がない／声のテンションが強いか、声量が大きい／語尾がのびる／語尾が弱くなる／猫背／足をひきずるように歩く

どれも軽微に思えるかもしれませんが、これらは「偉そう」「だるそう」「怖い」といった印象になりやすい人に多い特徴です。クセで本人にはそれほど自覚がなく自然にやってしまっているケースがほとんどなので、動画などを撮ってはっきり指摘するまでわからない人もいます。しかし、軽微な分、直そうと思えば直しやすい部分です。こんなことで、**相手に意味なくマイナスな印象を与えていたとしたら、とんでもなく損なので、すぐに見直し改善を進めましょう。**フィードバックはやはり大切ですね。

POINT

ネガティブな印象を直そうと思えば直しやすい

18

人からの評価を武器として備える

あなたの仕事やあなたの会社について、顧客からの感謝や賞やアンケート調査などで、ポジティブなフィードバックを見たことはありますか？　では、それを初めて会う人間に見せたり、聞かせたりしたことはありますか？　もし、確たる返事ができない場合は、これからそれらを使えばさらに効果的に自己アピールができるということです。人からの評価をひとつの武器として備えておきましょう。

自分や自社のアピールを積極的にするのはおすすめしたいです。ただ、自分の口で言うばかりだとしつこく思われる嫌いもあります。その点、顧客やクライアントからもらった評価は、その人の主観的なアピールではなく、多くの人が認めたよいところが示されるわけですから、アピールには非常に強力な武器になります。

『影響力の武器』（誠信書房）を著したチャルディーニは「**社会的証明**」の効果を指摘しています。これは「人はほかの人たちが何を正しいかと考えているかを基準にして物事を判断する」という原理で、第三者からの客観的な評価がとくに強力な影響を与えることを示しています。たとえば、ほかの多くの人があなたの態度やあなたが扱う商品やサービスについて高く評価していることが伝わると、自然に安心を感じ、同じように評価しようとする傾向が強まります。

そのため、顧客の声を集めたりアンケートを実施したりする企業は多いのですが、個人個人のレベルではあまり上手に活用できていないようです。活用するには、自分自身のアピール項目として備えておき、必要なときにすぐに使えるように準備しておくことが必要なのですが、人と会う準備としてはつい抜け落ちてしまいがちです。初対面の印象にもポジティブな効果がある「社会的証明」を活用できないのはもったいないですね。意識的に収集しておきましょう。自己紹介や営業活動、プレゼンテーションや提案書の作成時に自分や自社が選ばれる理由としてアピールに添えることができます。

POINT

第三者からの客観的な評価を意識して収集し、アピールの武器にしよう

COLUMN

自分を客観視するコツ

成功するセルフプロデュースには、自分を客観視する視点が欠かせません。自分の価値を見つけるには、自分がよいと思う自分を見つけるだけでなく、他者から見て評価される自分のポイントを見つけることが重要だからです。

人間はもともと主観的です。主観的とは、自分以外のものは見えているが、自分自身は見えていない状態です。私たちは自覚がなければ、自分が生まれつきかけているメガネを通して自分のいない世界を見ているようなものです。

自分を客観視したいなら、あえて違う視点をつくるイメージワークをしてみてください。自分がいる場所が映る位置にビデオカメラを置いて撮影する想像をしましょう。あなたはそのカメラを通して撮影した映像で自分を含めた俯瞰的な場面を見て、自分がどんな様子かを見ます。等身大のスクリーンに映して見る想像をしましょう。そのような見方で第三者的な目での自分の見え方を考えることです。

また、ふだん他者のフィードバックをもらうこともおすすめです。それが意に沿わないものでも、反論や言い訳をしてはいけません。どうしてそう映ったのか、その原因にフォーカスしてください。そのような冷静な態度が客観的な視点を育てるのです。

第3章

品と知性を実装する

19

品と知性は最強の武器

信頼を得たいなら、品や知性を実装してください。品と知性はビジネスの世界で最強の武器です。こういうと「品や知性なんて自分には難しい」と言う方も少なくないのですが、じつは身につけるのは難しくありません。まず、品や知性を正しく理解することから始めましょう。

まず、「品とは何か」について、礼法をよく知っているとか所作がていねいであることとは違います。もちろん、そこも備えているとすばらしいですが、その前に大切な要素があります。**品とは相手を尊重し、相手との間に適切な距離感を持てること**です。

では「知性とは何か」について言うと、勉強ができる、知識がある、論理的な考え方ができるなどをイメージすると思います。それらも決して間違っていませんが、それだけではありません。**知性は社会に生きる人間として適切な適応力を持っていることです。他人の視点を理解し、共感する力に長けていること**です。

「品と知性を実装する」とは、見た目で直ちに人に対して適切な距離感や尊重する態度が備わっていることを示せるようにすることです。品と知性を実装すれば、相手に安心を与え、信頼を自然に呼び寄せられます。

品と知性の実装ポイントとなるのは、姿勢や表情、身だしなみなど、何でもないところです。拍子抜けするかもしれませんが、これらは瞬時にあなたの人となりを伝える要素なのです。姿勢はその人の健全さや真摯さをストレートに伝えます。ポジティブな印象、ネガティブな印象にすぐに分かれるところです。そこからすぐ目が行くのは表情です。表情からは相手に対する感情が伝わり、品や知性がすぐに知られます。身だしなみは、自己管理能力と他者への配慮や敬意がどれほどのものかを示します。

姿勢や表情、身だしなみは、ふだんから気をつけていれば、自然に好意的な反応が期待でき、信頼へとつながりますが、逆に無頓着であれば、最初からたちまち失敗します。品と知性をまずここで示しましょう。

POINT

姿勢や表情、身だしなみを整えて品と知性を示す

20

人を魅了するのは「容姿」だけではない

魅力的な人は短時間で人を魅了し、信頼を獲得するものです。「人の魅力」とは何でしょうか。最初は、容姿を想像するかもしれませんが、それだけではありません。

ビジネスパーソンが持つべき魅力は、他人から好かれ、信頼までスムーズな、人を惹きつける力です。これについては「**対人魅力**」という研究分野に多くのヒントがあります。対人魅力とは、人が他人に対して本質的に感じる魅力のことです。

対人魅力があれば、性差や損得で区別されず、人から無条件にポジティブな印象を持たれることで、その後の信頼関係を築くために大きく貢献します。

対人魅力は社会心理学の研究分野の一部で、とくに面白いのは「進化心理学的な観点」です。これは、人間の本能によって、他人の見た目や行動からその人が持つ健康な遺伝子や安全性を感じ取り、このことが生物としての私たちに強くアピールするという考え方です。

容姿は一種の魅力になりますが、実際には容貌がいいだけでは信頼まで結びつきません。その人が健全で健康、安全であることが相手にわかる必要があるのです。それがわかるのは、その人の身体の様子がかなり重要で、身体の様子がわかるのは、姿勢や表情、視線などのあり方なのです。これらは、非言語コミュニケーションの研究でも、社会的なやりとりにおいて重要な役割を果たすことがわかっています。私たちの本能的な部分がそのような要素から人を読み解き、判断するのです。

人を惹きつけるのは、健康そうに見える姿勢や豊かな表情、健全な視線です。もちろん、清潔そうな様子も人間の本能にとっては健康や安全のバロメータ。これらは印象形成に重大な影響を与える要素だと理解しておいてください。

POINT

生物としての本能が人を見分けるのは姿勢や表情、身だしなみなどから

21

「清潔感」を誤解して失敗する人

身だしなみは人と良好な関係を築くさいの最初の入口です。清潔感がないと判断されると、信頼どころか避けられる可能性さえあります。**清潔感の有無は人間の生理的な感覚を刺激しやすく、理屈ではなく本能的に「OK／NO」が決まる**からです。NOとなれば致命的で言葉での言い訳も効かない重要ポイントです。しかし、それにもかかわらず失敗している人が多いのも身だしなみです。その理由は「清潔であること」と「清潔感があること」の2つの違いが理解できていない人が多いからです。

清潔と清潔感の違いは「手入れが行き届いている様子」にあります。違いを理解できていない人は、顔をきちんと洗って、歯磨きもして、シャワーや入浴も毎日、服だってしっかり洗濯したものを身につけるなど清潔にする習慣がある、だから清潔だ、と胸を張ります。もちろんこれは「清潔な状態」です。しかし、ここで胸を張る人に限って、こまめな散髪などができておらず襟足が伸びていたり、髪の毛をセットできておらず、毛先がパサパサ、肌や唇も乾き切っていたり、服がヨレヨレだったりします。それでは「清潔感がある状態」ではありません。

「清潔感がある状態」は人が見て「清潔」を想起できることです。それには、髪や肌に適度な潤いやツヤがあり、手入れがきちんと行き届いていることが他人にはっきりわかることが必要です。はっきりわからなければ、せっかく自分を清潔な状態にしていても「身だしなみ」という点では意味がないのです。

自分を清潔にする習慣に加えて、**自分を手入れする習慣もどんどん身につけてください。**まずは洗顔後にローションやクリームなどで肌を保湿することを習慣にしましょう。自分の手入れは男女関係ありません。髪の毛が短いヘアスタイルの人は少なくとも1か月に1回以上のこまめなカットが必要です。女性は髪の毛を伸ばしている人も多いと思いますが、髪の毛、とくに毛先のツヤ感が保たれているかに気をつけてください。じつはこういう箇所で印象が決まるのです。

POINT

「清潔であること」以上に「清潔感があること」を追求する

22

ここを変えたら年収が変わった、という話

ここでひとつ問題です。ある高額金融商品を扱っている男性営業担当者は成績が伸びず、悩んでいました。そこでアドバイスをもらおうと、ある人に自分の営業のデモを見てもらったところ、身体のある部分をすぐ変えなさいと言われました。アドバイスどおりに変えてみたら、そこからぐんぐんと営業成績が上がり、ついに年収が大幅アップしたのです。さて、この人がアドバイスで変えた部分とは何でしょう?

この答え、じつは「爪」です。その人は営業中、見込み客の前で商品のパンフレットで数字などを指しながら「利益は○円が見込めますよ」「○○の資金にもなります」など商品購入によるバラ色の未来を説明していましたが、そのときに目に入る爪は自分で無骨に切り揃えてワキはカサカサで真っ白。そのみすぼらしい爪と高額金融商品に大きなギャップがあり、素敵な数字やバラ色の未来が「うそ」にも見えたのです。

この営業担当者にアドバイスしたのは私です。幸いなことに、その人は素直な人で、す

ぐにネイルサロンに行って爪の形を整えて甘皮をカットし、適度なツヤに磨いてもらいました。そして、爪も含めて、自分が売る商品がお客様にもたらすであろう豊かな未来と自分のイメージにずれがないように配慮するようになりました。それによって本当に営業成績が変わってきたのです。言葉と話しているその人の印象のギャップが薄れたことで、言っていることがお客様に信頼されやすくなってきたのです。

人々が他人から受け取るメッセージは「言葉」よりも見た目や態度などの「非言語要素」が大きく影響することがわかっています。また、非言語要素はほとんどの場合において、理論や思考より感覚や感情にダイレクトにすばやく伝わります。言葉がどんなに巧みでも、感覚で受け取ったものひとつでまったく違う印象を相手に伝えることもあるのです。清潔感とともに、感覚に伝わる部分を意識すれば、あなたは自然に信頼される印象になります。

POINT

爪ひとつでも言葉とギャップがあると信頼されにくい

23

信頼に似合うヘアスタイル

品や知性の点でいえばヘアスタイルも重要で、清潔感の有無にも影響します。カットが行き届かず襟足やもみ上げが伸びていたり枝毛や切れ毛が目立ったりするのはもってのほかですが、ちょっとした違いで仕事の姿勢やプロフェッショナル感を変えて見せるのです。自分ではオシャレのつもりでも、仕事のイメージに合わないと信頼される印象になりません。

スーツでビジネスフォーマル感を出したいときに気をつけたいのは、ヘアスタイルもそのイメージに合わせることです。このとき、**男性女性両方におすすめするのは、前髪を上げて、すっきりと額を出す**ことです。前髪は古来より稚児のシンボル。前髪を垂らすと若くは見えますが、それは同時に幼さや未熟さを感じさせるイメージでもあることに注意してください。前髪で若さやかわいさを演出するより、豊かな表情でハツラツとしたところを表現したほうが信頼感を持たれます。

また、サイドがすっきりしていないと、スーツには似合いません。男性は短くカットするのが基本です。女性のショートヘアもタイトになでつけるようにしたほうが知性が感じられて素敵です。女性はロングやセミロングも多いですが、ビジネスフォーマルのときには額を出して、サイドも髪を垂らしたりせずにすっきりまとめたほうがバランスがよく、潔さとプロフェッショナル感が出ます。

ビジネスシーンには清潔感が本当に大事ですので、**ビジネスカジュアルであってもヘアスタイルは少し落ち着いた感じにセットしたほうがいい**でしょう。洗いっぱなしで許されるのは美しいハリやツヤがある恵まれた髪質を持つ人だけなので、無造作ヘアはやめておくことが無難です。スタイリング剤を使って整えることをおすすめします。

美容院でヘアスタイルをオーダーするときは、「ビジネスなどのときはきちんとセットできて、プライベートでは無造作でいい感じになるスタイル」をぜひ提案してもらってください。

POINT

信頼されるにはすっきりとセット感があるヘアスタイルにする

24

顔でいちばん大事なパーツとは

ほんのちょっとしたことで顔の印象は変わりますが、とくに大事なパーツは「眉」でしょう。清潔感のためにも毛流れやムダ毛の手入れはもちろん必要ですが、**眉は、ほんの0・5ミリほどの違いでもその人の印象をまったく変えてしまう可能性がある**からです。間違えると、気が弱そう、意地悪そう、などネガティブな印象になりますが、逆に気をつかうことで印象が格段によくなります。

男女関係なく、眉毛を整える意識は必要です。しかし、メイクするしないを含め、扱い方は男女で少々違います。

男性の場合、眉毛の手入れをせずボサボサの人もいますが、それは顔を老けさせ、だらしない印象を与え、表情を悪くするだけなので、すぐ整えましょう。美容院や眉専用サロンなどのプロにカットしてもらい、眉間や眉の上下の余分な毛を定期的に処理するようにしてください。眉尻の毛が薄くなり平安貴族の「まろ眉」のようになると、どうしても印象は悪くなります。男性用コスメでの書き足しをおすすめします。

女性は一般に眉をメイクの一部として大切にするので安心ですが、洗練された眉を描くにはそれなりに技術が必要で、技術不足により心許ない印象の眉になっている方もいるのは確かです。ラインや描き方を一度は真剣に研究されることをおすすめします。プロの指導を仰ぐのがいちばんですが、無理なら情報収集に努めましょう。技術を補う便利なコスメやグッズも多くあり、動画サイトなどで親切な解説を見ることもできます。

眉しだいで顔のイメージもさまざまです、**ビジネスシーンで信頼されたいなら、自然な太さでストレート加減の眉が男女とも好印象**です。適切な長さは眉頭は目が始まる位置、眉尻は小鼻のところから目尻を結んだ延長線と眉が交差する位置が目安だそうです。ぜひ洗練された印象の眉を目指して整えてください。顔の印象が垢抜け、それだけで「仕事ができる人」に見えて信頼されやすい雰囲気になります。

POINT

眉を整えると、信頼されやすい雰囲気になる

25

メイクについて知っておきたいこと

ビジネスで清潔感を表現するにはメイクアップも注意したい要素です。顔のことですから、手抜き感やだらしなさは悪目立ちしますし、やりすぎに見えても清潔感がなくなります。なお、これは決して女性だけの話題ではありません。眉について前述したとおり、男性にも少しずつメイクの可能性が広がってきたからです。

最初に議論になるのは「メイクをするかしないか」でしょう。私自身は「女性はしたほうがいい」と考えます。顔のバランスを整えることができる手段としてせっかく与えられたツールであり、きちんとメイクを施した姿には、人から信頼される自己管理能力や周囲への配慮が現れやすいぶん、印象として有利だと思うからです。

もちろん、肌が弱い、メイク自体が嫌いなど、メイクへの評価は分かれますので、するしないは個人の選択の自由です。ただし、しないならしない、とスタイルは統一したほうがいいでしょう。その日によって違えば、見る相手がとまどうからです。また、しない選択なら、スキンケアや眉毛など素顔を整えることにはいっそう注意を払う必要があります。これはメイクをしない男性も注意すべきことです。

しかし、**メイクはせっかくのツールですから、ぜひうまく利用してほしい身だしなみ**です。ビジネスで信頼されるメイクポイントは、まず肌に合う色のファンデーション選び。厚塗りせず、コンシーラーやパウダーなどを組み合わせて自然な顔の凹凸をつくること。アイシャドウは落ち着いた色味を選び、アイライナーやマスカラ、そして眉もナチュラルな仕上がりにすること。チークやリップはコントラストが強い色を避け、ベージュやピンク系など血色を少しプラスするくらいの色味にすること。

メイクの専門家に教えてもらったのは、メイクの基本はいたずらに顔に色を塗ることではなく、その人の骨格の特徴を生かして、美しく見える顔の陰影の比率に整えることだそうです。**最初はプロにその陰影を見てもらい、メイクをアドバイスしてもらうのもおすすめ**です。

POINT

メイクは顔を整える便利な手段としてビジネスに利用する

26

正面を向けて立つ

相手先を訪問しての初対面では相手が来るまで待合室などで待つシーンも多いでしょう。そんなときは、「**相手が来たら、自分の正面を相手に向けて立つ**」と覚えておいてください。これは言葉によらず、相手に働きかけるボディランゲージとして大事な意味がある動作です。

第一印象がその後の人物評価における基準点になります。その印象を形成するのは、非言語要素がほとんどです。非言語要素には、外見、ちょっとした態度、距離の取り方まで、あなたが発するシグナルすべてが含まれます。これらのシグナルはボディランゲージ（身体言語）とも呼ばれます。

相手があなたに会おうと来たときに立ち上がる行動は、基本的に「敬意」を示すものです。座ったままだと「自分が優位に立っている」「相手を軽んじている」という印象を与える可能性があります。**待合室や会議室に相手が入ってきたら、まず立って「あなた**

を尊重している」というシグナルを送ってください。

印象には姿勢が重要だと前述しましたが、相手に向ける視線や身体の向きにもじつは大きな意味があります。視線や身体の向きを逸らす行為は、相手への心理的な壁、すなわち関心がないこと、敬意を感じていないことを表す壁を感じさせることがあるため、注意が必要です。つまり、相手に対して、とくに初対面では逆のことをしなければなりません。また、相手に正面を向いて身体を開くことは、そのままオープンな気持ちや歓迎の気持ちを表すシグナルになります。

立って自分の正面を向ける、それだけで多くの肯定的感情を相手に印象づけることができるのです。

できるエグゼクティブは、商談相手に正面を向けて立って迎えます。そんな瞬間にも相手に対する尊重を印象づけ、信頼構築の手立てを始めているのです。あなたもぜひ真似してください。

POINT

立つ動作と身体の向きで相手への尊重を表す

27

最初に判断されるのは姿勢

姿勢は人の輪郭のようなもので、その人のイメージを素直に伝え、相手の最初の判断に大きな影響を与えます。たとえば「信頼できる人」をイメージしてみてください。背筋が伸び、しゃんと立った人物像を思い浮かべませんか？

姿勢はとにかくよいに越したことはありません。姿勢には「体の構え」、もうひとつ「物事への取り組み方や態度」という意味があり、昔から姿勢とその人間の考え方やあり方は同一のもののように自然にとらえられていたのでしょう。エグゼクティブプレゼンスのトレーニングでは、リーダーとしての安定感や頼りがいにも通じることをお伝えしています。それくらい大切なのです。

ところであなたの姿勢はどうでしょうか。もし「**自信はないけど、いつも姿勢よくするのは大変。大事なときだけ気をつけよう**」などと思っていたら**大間違い**です。

よい姿勢とは、単純に言うと、まっすぐ伸びた身体の上に頭が乗っている状態です。かかとをつけてヒザを伸ばし、骨盤を立て、背筋をまっすぐにし、最後に首をまっすぐのばす、というように各ポイントに少し力を使うだけです。

まっすぐの状態がわからなければ、**壁に背中をつけて、後頭部、肩の後ろ、お尻、かかとの4点が壁につく感じを覚えてください**。毎日気をつけていれば、最初は多少大変に感じても、だんだん重心の掛け方や筋肉の使い方を体が理解し、伸びやかなきれいな姿勢になります。逆に言うと、慣れることによって身体で理解していかないとよい姿勢を身につけるのは難しいです。最初はもとの姿勢のほうが楽に感じるので、生半可なやり方ではあっという間にもとに戻るからです。

「大事な時だけよい姿勢にする」はまず不可能です。信頼されるようなよいイメージの姿勢になるには今日から慣れ始めてください。

POINT

最初に人となりを判断される姿勢、今日から気をつけていこう

28

意識が高い人ほどよい姿勢を勘違い

よい姿勢のつもりでがんばっても見た目の信頼につながらないばかりか、体に悪い影響が出るかもしれません。それを防ぐには正しい姿勢を理解することから始めましょう。

弊社のトレーニングでお会いする人に、「よい姿勢をしてみてください」というと、胸を張る格好をする人が少なくありません。いわゆる「気をつけ」の格好です。**「気をつけ」はよい姿勢ではありません。**小学校の体育などでインプットされてしまったせいか、意識が高い人に限って、ここぞというときには胸をがんばって張り、背中を反らします。残念ながら、これらのほぼすべての人が「反り腰《そごし》」の状態になっています。

「反り腰」とは、文字どおり腰が強く反っていて、骨盤が前に傾いた状態です。背骨は正常でもゆるくS字カーブを描きますが、反り腰はそんなレベルのカーブではなく、乳房から下の胃あたりの部分が前に出て、後ろは腰が始まるあたりを強く反らすことでお尻が突き出たようになります。前のほうで解説した姿勢のチェックでは、壁に後頭部、肩の後ろ、お尻、かかとの4点をつけましたが、そのとき腰のあたりに自分の手を通してみてください。手のひら2枚以上の空間があるようなら反り腰の疑いがあります。できれば医療整体などの専門家に一度見てもらってください。そのままだと悪い影響があるからです。

反り腰の状態が高じると、お腹ぽっこり、出っ尻体型など、見た目の印象にいいことがまるでありません。見た目だけでなく、背骨や腰、ヒザなどに負担がかかるため、痛みや湾曲などのトラブルの原因となることもよくあります。外に出て動くことが多い人、逆に座り仕事が多い人は悪い影響が出やすいので気をつけてください。

よい姿勢をしようとする人にトラブルを起こす何とも悔しいこの勘違い、あなたもしていたらすぐやめてください。

POINT

意識が高いあまり間違った姿勢になることがあるので注意

29

ヒザは伸ばして立つ

姿勢をよくしたいと思うと、上半身の背筋にまず意識がいくと思いますが、じつは下半身もとても大事です。下半身が伸びていないと、姿勢に気をつけても見た目がそれほどよくなりません。しかし、意外と多くの人が、ヒザを自然に曲げたような立ち方をしています。下半身がこのようにどこかゆるんだ感じになっていると、その人の印象自体も頼りなく感じてしまうので、見るたびにもったいないと思います。あなたもぜひご自分のヒザに気をつけてください。

日常ヒザを曲げて立つ習慣になっている人は、洋服の生地に無理をさせることになります。その結果、はいているパンツ（ズボン）を見るとヒザのあたりだけ布地が伸び、まわりに変なシワが寄っていることが多いのです。衣類も痛みますし、せっかくよいスーツなどを購入しても、すぐ形がダメになって損をします。そして何度も言うように見た目が頼りなくなります。

じつは日本人はヒザが曲がりやすい傾向にあるようです。伝統的にヒザを曲げて畳に座る生活習慣があったことや、和服にはヒザをニュートラルにして腰を少し落とした格好での振る舞いが合っていたことなどから、現代に生きる日本人にも影響が残っていることが考えられます。骨格の特徴も影響しているかもしれませんね。私たちが悪いわけではないのですが、今はみな洋服を着ている時代なので洋服に合わせた姿勢を意識しないと、印象はよくなりません。

初対面や人前に立つシーンなどで姿勢を整えるときは、足元のかかとをまずきちんとつけてください。そのうえでヒザをできるだけ伸ばして、上に向かって伸びるイメージで立ってみましょう。見た目で誠実かつ信頼できるフォルムになりやすくなります。

もし、あなたが今まで自分の姿勢に自信がなかったのであれば、背筋とともにヒザを伸ばすだけでも印象が大きく変わります。

POINT

姿勢のよさは上半身だけでなく下半身のヒザを意識しよう

30

印象のよい歩き方、悪い歩き方

人の輪郭である姿勢が最初にその人のイメージを形成するように、歩き方も印象を左右します。人に歩み寄るときやプレゼンなどで前に出ていくとき、その歩き方は真っ先に他人の目に入ります。歩き方は、性格や知性まで人に感じさせ、人物として好ましいかどうか、信頼できるかどうかについて周囲から無意識に評価されるときにも影響します。正しい歩き方にぜひ関心を持ってください。

印象のよい歩き方をひと言で言うと「人間が本来そう歩くようにつくられている、理にかなった歩き方」です。一度に説明するのは難しいですが、まずはポイントを3つ覚えておいてください。それは、腰・ヒザ・つま先です。

まず、**腰から大腿部にかけての筋肉をしっかり動かして歩く**ことです。歩いている姿が腰からきれいに伸びているように見え、堂々と美しい様子になります。反対に、腰やモモをあまり使わず、下のほうだけちょこちょこ動かすような歩き方や足をひきずるような歩き方になっていると、小物感漂うカッコ悪い歩き方になります。

そして、**地面についているほうの足のヒザを伸ばして歩いてください。**これが曲がると、決してきれいな歩き方にはなりません。しっかり歩いているつもりでも、どこかくたびれた歩き方になってしまいます。

つま先はやや外側に向けて歩きます。つま先が内側に向いてしまうと、重心のバランスが崩れ、重心が外に逃げやすくなります。ただし、ヒザをきちんと伸ばして、足運びをまっすぐにしないとガニ股になってしまうので注意してください。

足を地面におろすときは、かかとで着地することも忘れないでください。メリハリが効いた歩調になります。

なお当然のことですが、悪い姿勢から正しい歩き方は生まれません。ふだん背が丸まっていたり、骨盤が倒れているような立ち方をしている人は身体にも悪いので、よい姿勢も併せて意識して、誰もが信頼できるような歩き方になってください。

POINT

歩き方も印象ひいては信頼を左右する

31

アイコンタクトでドアを開く

非言語コミュニケーションの中で「目」は非常に大きな役割を果たします。「目がいかに多くのことを伝えるか、どんな情報を伝えるか」について理解しておいてください。自分の目に意識的になるだけでも、表現力がグレードアップし、それは品や知性を相手に伝える効果的な手段になります。

「目」とひと言で言っても、アイコンタクトをするかしないか、どれくらいの時間するのか、目の表情は豊かか、どのような視線を向けるかなど、目を使う表現はいろいろあります。それらを使うことで、効果的な意思疎通も可能です。初対面でいちばん意味がある「目」の役割は、**コミュニケーション開始の合図となる、**ということです。

ふだん私たちは関係のない人とアイコンタクトをすることはありません。たとえば、いろいろな人を何となく眺めてはいても、その人の顔の中心にある目をとらえることはありません。知らない人にそんなことをしたら不審がられ、怒らせる可能性もあります。つまり、目と目を見かわすアイコンタクトはお互いを認識して関係性を認め、お互いにコミュニケーションのドアを開くひとつのセレモニーのような役目をするのです。これはあくまで無意識での出来事ですが、意識しておくと、相手に自分をいい意味で印象づけることに役立つはずです。

目には、ほかにもいろいろな機能があります。たとえば、うれしい、おもしろがっているという感情や、何かやろうとしているなどの意志の強さをわかりやすく伝えられます。また、**相手とまっすぐに視線を合わせると、堂々とした自信が伝わり、控えめに外すことで節度や礼儀正しさ、謙虚さが伝わります。**

会話中なら、その話にどれだけ関心があるかも、目の様子で伝わります。目の表情が豊かな人は、話に関心がある、賛成だ、というポジティブな感情を意図的に相手に伝えることで、相手を話しやすくさせることができる、いわゆる「聞き上手」です。

POINT

目の役割を意識して効果的にものを伝える

32

目力鍛えてますか？

自信、知性、誠実さ、意志の強さなどを何も言わず他人に目で伝える「目力《めぢから》」があると、一瞬で好感や信頼を得られます。目がもたらす印象は絶大なのです。というのも、人間が他人の目の様子に反応し、そこからその人の感情や内面を無意識に読み取ろうとするからです。目は体外に露出した唯一の脳の一部と言われるので、生物として本能的に注意を惹きつけられるのでしょう。

目に力がないと、自信や落ち着きもないように感じられ、信用しにくい印象も与えてしまいます。見た目だけではありません。目で感情や意図をうまく表現できないと、コミュニケーションの質も低下します。目の力は言葉の説得力にも大きく関係するので、商談やプレゼンを周到に用意しても効果半減です。もし、自分の目を見て力を感じられなければ、ぜひ鍛え始めてください。

鍛えるには、まず目をしっかり開けることです。弊社のトレーニングには視線やアイコンタクトの項目があり、目力も鍛えていただきますが、鍛え始めは大半の人が目をきちんと開けていない状態です。試しに鏡を見て、しっかり目を開けてみてください。それだけで顔つきも変わります。

日ごろ、自分の目がどんなふうに見えているかを意識していない人は、目周りの皮膚や筋肉がたるみ、まぶたや目元が弛緩している状態です。まずしっかり目を開けた状態をキープすることから始めてください。

もうひとつ大切なポイントをお伝えします。目を開けるとき、額にシワが寄ると思いますが、**額を押さえて、眉と目の間を使って開ける**ようにしてください。あまり使っていないまぶたの筋肉が意識できるでしょう。その筋肉をきちんと使えると、目元の力が強くなり、表情も豊かになって人間的な魅力が出ます。

あとは話すときに相手の目をしっかり見て話すようにしてください。相手の目を見るときは、視線を安定させて、焦点をしぼりましょう。いつの間にか目力が強くなります。目力は言葉の説得力にも大きく影響し、仕事の力も上がるはずです。

POINT

目力はまず目をしっかり開けることから

33

いきなり品がない印象になる元凶

人の印象は、わずかな姿勢の違いで大きく変わるものです。これは、私がトレーニングや研修でつねに強調していることです。たとえば、**首の角度やアゴの位置のわずかな違いが、相手に与える印象を大きく左右します**。

その中でも本当に少しの違いで品がない印象を与えてしまうのが、首の角度とアゴの位置です。ほんの少し首が前に傾いていたり、アゴが前に出ていたりするだけで、どことなく浮ついて野暮ったい横顔になり、前から見ると顔がぐっと前に出て見えてしまうものです。それは信頼できる様子からはほど遠いものです。

対照的に、**首をまっすぐにし、アゴを軽く引いた姿勢は、自然と落ち着きや知性を感じさせます**。このわずかな違いだけで、相手の感じ方が驚くほど変わるのです。

この違いを体験するなら、一度自分の横顔をスマホか何かで撮ってみてください。ふだん無意識でしている姿勢と、意識して首をまっすぐにしてアゴを軽く引いた姿勢を比べてみるのです。その違いがどれほど大きいかが実感できるはずです。私の研修でも、そのようにそれぞれで撮ってもらったものを見比べてもらう時間をとることが多いですが、ほとんどの人がその意外な印象の違いの大きさに驚きます。

「姿勢は気をつけているから大丈夫」と思うのも早計です。現代の生活習慣では、スマホやパソコンを使うときに、ほとんどの人が首を曲げ、アゴを突き出したような格好になっています。日常的にそうしていると、気づかないうちに首やアゴが前に傾いてしまうことはむしろ自然なのです。実際、私自身も長時間のパソコン作業のあとに、首やアゴの角度がおかしくなっていることに気づいて、あわてて直したことは一度や二度ではありません。

POINT

首とアゴの角度を意識して品や知性を表現する

首やアゴの角度を軽視すると、見た目の悪さだけでなく肩こりや首の痛みの原因にもなります。日常的に自分で注意する習慣を身に着けることをおすすめします。

34

一瞬で品と知性を伝える表情とは

エグゼクティブプレゼンスの身につけ方についてお話しするとき、「とにかくこれだけはやって、ということはありますか？」と問われたら、迷わず「姿勢」について言うとともに「口角を上げて」と必ず言います。この2つは毅然とした余裕のある態度に不可欠であり、その態度は人からの信頼に不可欠なのです。

「非言語コミュニケーション」を改めて説明すると、声の様子や外見、視線、表情、声音、人同士の距離までも含む「言語以外」の要素によって感情や物事を伝達することです。150年ほど前にダーウィンによって研究が始まり、今日まで多くの研究によって、非言語の要素がコミュニケーションにおいて重要な役割を果たし、ときによって言語よりも強い伝達作用があることがわかっています。

人の表情は「非言語コミュニケーション」の中でも重要な要素です。ふつう人間がコミュニケーションにさいして見るのは人の顔だからです。

自分の表情がコミュニケーションに作用することを意識し、適切にコントロールして表現力を高められると、ビジネスで自分の望ましい状況をつくりやすくなります。まず**簡単にできて、いちばんよい効果が見込めるのが「口角を上げること」**です。軽く上げるだけで構いません。人は年を重ねると自然に皮膚や筋肉が垂れ下がりますので、ビジネスパーソンが何もしない「素の表情」をしているのは無表情や不機嫌な印象になり、印象が悪いのです。表情の研究から、口角の角度が上がっているとポジティブな感情を引き起こすことも確認されています。ただし、いつもニコニコ笑っているのも、どこか不自然で奇妙なものです。ですから、口角を少し上げた状態がちょうどよいのです。

鏡で見ていただくと、柔和ではあっても、不自然でなく、しかも品と知性をたたえた自分の表情を確認できるはずです。ぜひ今日からやってみてください。この表情を習慣とするだけで、人の見る目はよいほうへ変わります。

POINT

素の表情はネガティブな印象を与える。口角を上げてポジティブな印象を

35

真の笑顔が信頼を呼ぶ

笑う門には福来る、という言葉がありますが、実際は**笑う顔にはポジティブな評価が集まる**、と言えます。アメリカの心理学者エクマンは、笑顔は地域や文化圏を超え、好意などのポジティブな感情を起こさせる世界共通の表情であることを発見しました。笑顔は人に安心や好意を伝え、無意識下で心を開かせる効果がある表情であり、人間同士の信頼構築には欠かせません。ただし、それは真の笑顔でなければ効果がありません。

「**真の笑顔**」ができますか？　表情の研究では「**デュシェンヌスマイル**」と呼ばれていますが、目が輝き口角が十分に引き上げられている笑顔です。こうやって文字で見るよりも、今まで会った笑顔が素敵な人を思い浮かべたほうが理解しやすいのではないでしょうか。見た瞬間にパッとその場が明るくなるような自然な笑顔がそれです。私も今まで何度となく見ていますが、見るたびに「こういう笑顔ができる人は、人間関係で絶対得をするな」と思います。**理屈なく人を惹きつける**からです。

一方で、見て「これは印象で損をする」と思ってしまう人もいます。それは笑顔と呼べるか呼べないかくらいの、あいまいな表情をする人です。薄ら笑い、お愛想笑い、苦笑、などの言葉で表されるような、あまりいい感じがしない表情です。もし、あなたが精いっぱい笑顔を見せているつもりでも、他人から見てそのようなあいまいな表情だったら、むしろ印象は悪く、信頼には結びつきません。

多くの表情がそうだと言いますが、顔の筋肉の動きは人の脳に感知されて何らかの感情を引き起こす記号の役割をするそうです。つまり、真の笑顔であれば、その顔筋が相手の心を自動操縦するイメージです。そんな笑顔をぜひ目指してください。

できるエグゼクティブは適切なタイミングに笑顔を見せることで、人の気持ちを惹きつけ信頼を得ます。米国には「スマイル・マネジメント」という言葉もあり、ビジネスパーソンの必須ヒューマンスキルとされるくらい重要視されています。

POINT

あいまいな笑顔ではなく真の笑顔を見せて相手の心を動かす

36

お辞儀の印象は相手の記憶に残る

お辞儀は日本人ならではの所作ですが、お辞儀がきれいな人は、堂々としながらどこか奥ゆかしさを感じる印象を醸し出して人を惹きつけます。お辞儀を磨けば、あいさつのたびに相手に強い印象と余韻を残せます。

お辞儀を美しく見せるために絶対必要な条件は、「一度で決める」ことです。つまり**何度もペコペコと頭を下げるのはタブー**です。心の中で「堂々ときれいに」と自分に暗示をかけてください。相手を見て微笑んだら、しっかりお辞儀を一度します。

所作としてのポイントは、**首を曲げずに腰から曲げる**ことです。お辞儀のことを「頭を下げる」ということもありますが、そのとおり首を曲げて頭を下げてしまうと、品が悪い印象になります。首はまっすぐ保ち、腰から折ることで、美しい所作になるのです。

また、首は曲げないので、上半身を倒すにつれて、顔はそのまま下を向き、視線もそれ

につい てゆっくり下に落ちていきます。このように、視線を自然に伏せる様が、堂々としながら奥ゆかしい印象をつくるのです。

リズムやスピードも大事なポイントです。お辞儀がヘタな人は、上半身をバタバタと早いスピードで倒して起こすような動きになってしまいますが、これでは素っ気なく乱暴な印象です。きれいなお辞儀はゆったりして余韻があります。**急がず、一でゆっくり上半身を倒し、二、三と数えるくらいのリズムで起こしてください。**

ご存じの方も多いと思いますが、お辞儀の深さには、軽いあいさつに使う「会釈（約15度）」、あらたまったあいさつに用いる「敬礼（約30度）」、深いお詫びや感謝など特別なときの「最敬礼（約45度）」の三種があるとされ、使い分けることも大事です。深くなるにつれて、腹筋の力もけっこういりますので、ここもしっかり鍛えておくと、頼りがいのある印象もついてきますよ。

POINT

お辞儀はペコペコせずに一度で決める

37

あいさつははっきりの勘違い

最初のあいさつも印象を左右します。基本的には「あいさつは明朗に、はっきりと」とよく言われます。これは間違いないことです。しかし、「明朗に、はっきり」ってこういうことでいいのかな、勘違いしていないかな、と首をかしげることがときどきありますので、気になる点をお伝えします。

よくある「明朗、はっきり」の勘違いとは、「大声で元気よく」あいさつすることと混同していることです。

「はじめまして！　○○株式会社の山田と申します！」とエクスクラメーションマークつきのような勢いのある大声では、覇気は感じさせる一方で子どもっぽくも思え、「元気だなあ」と感心してもらえるかもしれませんが、信頼に結びつくかというと、そうでもありません。

ビジネスシーンでは、あいさつは単なる儀礼にとどまらず、あなたがどのような人物かを相手に印象づける重要な瞬間です。もちろん、あいまいな言い方や小さく不明瞭な声では、相手に「自信がない」「誠実さに欠ける」と受け取られかねずマイナスです。しかし「元気だな」で印象が留まってしまってはもったいないのです。こんな瞬間こそ、早期に信頼を獲得できる可能性があります。品や知性、また頼りがいも感じてもらわなければなりません。

声を張り上げる必要はありません。**音量を上げるよりも音質を上げたほうがいい**のです。しっかりとお腹から張りのある声を出すと意識してください。最初は少し低めの落ち着いて聞こえる声で始めてください。

明朗な声は、口角を上げて発音すること、口の開閉をはっきりさせて言葉をわかりやすくすることがカギです。エクスクラメーションマークつきのような勢いはいりません。そして、**「山田です」と姓だけ名乗るのではなく、「山田〇〇です」とフルネームを名乗ってください。**半端な名乗り方は、マナーとしても失礼ですし、姓だけでは相手に与える印象が弱くなります。

POINT

音量よりも音質を上げて明朗にはっきりしたあいさつをする

38

信頼される名刺交換のポイント

名刺交換のマナーなんてもう知っている、と思う人は多いかもしれません。しかし私の体験では、初対面での信頼構築という目線で考えると、今ひとつだな、もったいないなと思う場面も少なくありません。

まず、名刺交換マナーのポイントをおさらいしましょう。**名刺は正面・両手・胸の高さで渡す**こと。人にものを渡すときの基本的所作ですね。また、差し出すのは「目下から」と心得ること。もともとあいさつは目下から目上に対して先にし、目上はそのあとにするものなので、謙虚さを尊ぶ日本人は自らを目下として先に名刺を差し出すのが順当です。逆に考えていると失礼な印象になるので気をつけてください。

いただいた名刺はすぐにしまわず、相手の情報を確認し合うのがルールです。しまうタイミングは相手と呼吸を合わせるよう見計らいます。そのまま打ち合わせに入るときには、ひと段落するまでテーブルに置いておくものとされます。

これらの名刺交換マナーは日本独特のもので、海外にはありません。日本では相手の名前の「精神性」を尊重するあまり、書状を渡す古来の所作が今のようなマナーにまで昇華されたのではないかという説があります。海外ではたいていの場合、名刺（ビジネスカード）はひとしきり自己紹介をしたあとで片手で軽く差し出すくらいです。

その海外から見れば、「なぜ日本ではお互い紙切ればかりを見つめて、相手を見ないのか？」と不思議がる声もよくあるそうです。日本国内では日本伝統の所作を大切にしたいですが、「相手を見ないのはおかしい」という指摘にもうなずけます。

実際、アイコンタクトもほとんどせず、視線が名刺にくぎづけなのが、冒頭で言った「今ひとつ、もったいない点」です。相手にていねいにものを渡す所作で相手に対する敬意を表せるのですから、それはそれとしてきちんと行ってください。ただ、それと同時にアイコンタクトでお互いを認め合い、お互いのドアを開くことも怠りなく。

POINT

名刺交換のマナーを押さえつつ、相手の目を見ることを忘れずに

COLUMN

成功者に「品・知性」がない⁉

「それらしい品や知性がなくても、成功している人はいっぱいいるじゃないか」という意見をたまに聞きます。

著名経営者や富裕層リーダー、さまざまな企業の上役の方たちが品や知性を持ち合わせていない例は少なくありません。やりたい放題やっていても成功する例は多く見かけるので、「品や知性など成功に関係ない」と思う人も多いでしょう。「成功」が権力や経済的拡大を意味するときには、とくにそうかもしれません。

しかし、そのような態度を貫きながら成功するのは普通よりも大変なことだと知っておいてください。そのような人は、いたずらに人の反感や敵意を煽《あお》りやすいからです。たとえ、うまく立ち回っても、本当の信頼や尊敬は得にくいでしょう。権力や経済的拡大を実現した名のある経営者でも蛇蝎《だかつ》のごとく嫌われていることはあるのです。その環境で成功するには、人が嫌でも従わざるを得ないような並外れた価値を提供できる能力と、嫌われても気にしない精神的タフネスも必要です。その能力や覚悟がないならやめておいてください。

なお、本章で述べたように品や知性は社会で人とともに生きるための適化能力です。あなたがむしろのびのびとやりやすくなるように、助けてくれるものなのです。

第4章

親しみを勘違いしない

39

「親しみを感じさせたい」で失敗する人たち

ビジネスでの人間関係には一定の節度が必要ですが、距離がありすぎてはよりよい関係は築きにくいでしょう。その点で「親和性」つまり友好的でうちとけた雰囲気を醸し出すことも大切です。親和性はお互いへの関心や思いやりの感情を強める働きをし、それが信頼につながりやすくなります。しかし、親しみを感じてもらおうとするあまり、勘違いした行動になると逆効果になりかねません。あなたは大丈夫ですか？

勘違いした行動をとる人は、信頼を得やすい親和性と信頼を失う馴《な》れ馴《な》れしさや無礼な態度とをはきちがえている可能性があります。

心理学的に、人には侵されたくない物理的・精神的領域があり、そこに他者が不用意に踏み込むと不快や不安、警戒心を本能で感じるとされています。これは「**パーソナルスペース**」と呼ばれ、人との適度な距離感とはこれに配慮することなのです。

パーソナルスペースは人同士の親しさで変わります。ですから、ごく親しい間柄なら、多少の馴れ馴れしさや無礼な態度もまた親愛の表現になり得ます。しかし、通常のビジネス関係ではまず歓迎されません。

信頼を得やすい親和性を醸し出したいと思うなら、相手に対してなごやかで誠実な態度を示し、ことさらに距離感を意識しなくてもいいくらいの安心感を持ってもらうことを考えることです。それには**相手を緊張させすぎず、一方で適切な敬意を感じさせる態度が重要**です。

よく見る「馴れ馴れしい」または「無礼」と思われがちな勘違い行動は、相手の側に近づきすぎたり、肩や腕にさわったり、友達のようにタメ口で話したりすることです。いきなりのプライベートな質問も精神的領域を侵す行為です。やっている本人はフレンドリーでいるつもりでも、相手からすると不快を感じて無意識に警戒や反発を覚える可能性が高いのです。この点、外部の人に対してだけでなく、内部の人に対しても気をつけないと、自分でも気づかないうちに信頼が失われてしまいます。

POINT

信頼を得る親和性と信頼を失う馴れ馴れしさを勘違いしない

40

その距離感、間違えてます

ビジネスシーンにおいて、相手と適切な距離感を保つのは大切で、そのために適切な敬意を表現できる必要があります。日本では呼びかけも表現手段のひとつですので、間違えないようにしたいところです。

呼びかけには「様」「さん」「くん」「ちゃん」といくつかありますが、**ビジネスシーンで「○○くん」「○○ちゃん」と呼ばれることに抵抗を感じる人は少なくない**ようです。それも道理で、**相手への敬意が含まれると考えられるのは「様」と「さん」**でしょう。「くん」や「ちゃん」はいずれも親しい相手に使われる言葉であるのに加え、どちらかというと、目下と考える人間への呼びかけのイメージです。ビジネスで対等につきあう人への呼びかけとしては難があります。

それぞれの関係性や状況に応じて柔軟に対応するのは大切ですが、よほど親しい関係性が築かれていないと「くん」や「ちゃん」で呼ぶことは、急に距離を詰められたような不安や、侮られているような不快を感じさせる可能性があります。

知り合って間もないクライアントから「これから◯◯ちゃんって呼んでいいかな？」と言われて、嫌悪感で鳥肌がたった、という体験を人から聞いたことがあります。

言った人からすれば距離を縮めて親しくつきあいたいと思っただけかもしれないのに、嫌悪感にまでなるとは心外でしょう。しかし、これは紛れもなく距離感を間違えた問題です。相手に踏み込みすぎて、不安や不快につながった事例なのです。信頼されるどころの話ではありません。

このほか、『岩田』なら、ガンさんですね」などと相手に許可なく勝手にニックネームをつけて呼ぶのも同じ間違いです。ニックネーム自体、非常に親しい関係で使うカジュアルな呼称です。呼ばれてうれしい人もいるとは思いますが、ビジネスシーンでいきなり許可なく呼ぶものではありません。慎重さが求められるのです。

POINT

「様」「さん」を基本に、「くん」「ちゃん」は要注意

41

プライベートな情報には慎重に

プライベートな情報に関しては、現在企業による収集や利用に厳格な基準が設けられています。しかし、人間同士の会話の中ではどれだけ慎重に扱われているでしょうか。とくにビジネスで知り合った相手に対してどのくらい配慮していますか？

情報には、公的な情報と私的な情報があります。ビジネス上での公的な情報は会社名、役職、オフィスの場所、仕事の内容などです。私的な情報はその人が住む場所や年齢、結婚、子どもの有無をはじめ家族のことなど、その人が仕事で明かしていないことすべてです。ここには趣味や休日の過ごし方など雑談にでてきそうなことも含まれます。

ビジネスでのコミュニケーションには雑談も大事ですから、「それでは何を話していいかわからない」と心配する人もいるかもしれません。良好なコミュニケーションのためには自分の話ばかりでなく、相手の話も聞こうというアドバイスもよく聞きますから、「おいくつですか？」「お住まいは？」「結婚されているんですか？」などと悪気なく相手について質問しようとしたこともあるでしょう。
しかし、これら**プライベートな領域について尋ねることは、心理的な距離感を急速に詰めるきわめて失礼な行為**となり得ます。それは相手の本能が不快や警戒を感じ、信頼する人のリストにあなたを入れないようにさせる行為でもあるのです。また、昨今は質問内容や聞き方によっては、セクシャルハラスメントとして追及されるケースともなります。

ずっと何も聞いてはいけないという話ではありません。打ち解けてくれれば、相手との距離が近づき、話せることも増えてきます。また、「失礼ですが、伺ってもよろしいですか」と相手にきちんと確認してから尋ねるなら、それほど強い不快感を覚える人は少ないでしょう。ただ、**信頼されるには、公的・私的の区別をきちんとつけ、相手のプライベートには慎重である姿勢が大事**だということです。

POINT

打ち解ける前に、相手のプライベートな情報を質問しない

42

10歳以上離れた人にもタメ口をきかない

ビジネスでつかうべき言葉は、「ていねい語」です。なぜなら、誰とでも適度な距離感を持ちやすく、大げさでない敬意も表せる言葉だからです。反対に、**ビジネスシーンでは、タメ口で話すことは控えたほうがいい**です。自分で知らないうちに信頼を失っているかもしれないからです。

ていねい語を簡単に説明すると、「です」「ます」を語尾につける言い方、人に対する呼称は「さん」づけを基本とします。「お」「ご」などのていねいな接頭語も適宜使用します。気心が知れた人とならもう少しくだけてもいいかもしれません。

相手との距離感によっては、変にかしこまるのもかえっておかしいときは確かにあります。しかし、相手の立場や年齢をもとに「タメ口でいい」と考えるのはよくありません。

たとえば、相手の立場が下だから、年下だからという理由で「だよね」「じゃない?」

という言葉づかいや「ねえ、○○」という呼び捨ては、やめたほうがいいでしょう。**相手を一人の人間として尊重できていない印象になる**からです。

実際の親しさから生まれるくだけた雰囲気の言葉であれば、まだわかるのですが、立場や年齢を理由に尊重を欠いた態度になるのは、ビジネスではむしろ距離感として不自然であると言えるでしょう。その不自然さは接している相手だけでなく、周囲の人から見ても信頼を寄せる態度ではありません。

一流の人を長く観察していた記憶では、尊敬され、信頼される人の多くは相手が年上でも年下でも、自分の部下であっても、一定レベルのていねい語で接していました。ですから、適切な距離感で適切な言葉を使うのは、なおさら大事だと考えるのです。

POINT

基本はていねい語で、相手への尊重を示す

43

くずし日本語はほどほどに

SNSの普及などにより、ビジネスシーンでの言葉づかいはカジュアル化しています。時代の流れとも言えますが、ビジネスは友人同士と違い、さまざまな年代や価値観が集う場所です。あまり崩した言葉ばかりでは、コミュニケーションに支障をきたしますし、信頼を得たい相手との適切な距離感もとれません。少し自分の言葉を見直してみませんか？

約十年前に発表された「ビジネス場面で話し相手が使ったとき、その人への『信頼度』が低くなるランキング」では、ワースト3は「っていうか」「ヤバい」「違（ちがう）くて」だそうです。これは今でもよく使われていますね。最近、知人やクライアントから聞く、会話の中で引っかかる言葉とそれに対する標準的な言い方もあげておきます。自分で使っていないかをチェックしてみてください。

・同意言葉　「ですよね、ですです」→「おっしゃるとおりです」
・か抜き言葉　「それ、社のルールです？」→「それは社のルールですか」
・語尾をにごす　「とか」「みたいな」→「のようなことです」「〜してください」
・「的」の常用　「自分的には」→「私としては」「私の意見では」
・文の省略　「○○するんでー」→「○○しますので○○」「○○しておきます」

こう見てみると、よく使われる言葉は意見や行動をあいまいにしている感があります。たとえば、「次回カタログ持ってきますんでー、それ見て決めていただく、みたいな」という類の会話を聞きますが、これが標準の言い方だと「次回カタログをお持ちします。それを見て決めていただけます」と、むしろシンプルになります。

もし、**言葉のカジュアル化が明快な言い方を避けて責任回避をしたい方向を目指して発達したものなら、それを使ってしまうのはやはり信頼が得にくくなる**でしょう。使っている自分に気がついたら、言い換えを考えてみてください。

POINT
・カジュアルな言葉であいまいに伝えるのはやめる

44

敬語で信頼をなくす人たち

ふだん親しい言葉づかいで話している人とケンカをすると「それは申しわけございませんでした！」とていねいな言葉になることはないでしょうか。これは、ほぼ無意識で相手との心理的距離をとり、よそよそしさを表現しようとする行動です。私たちは意外とうまく言葉を使う力があるようです。しかし、ビジネスではその力を発揮できずに失敗している人が少なくありません。

敬語を流ちょうにつかいこなすことはビジネスパーソンに必要なスキルです。日本の敬語は距離感や関係性を細かく伝えるのに便利で、適切に使うと節度ある態度や相手への敬意を巧みに伝えられます。ただし、いつもていねいに敬語で話していればいいというわけではありません。敬語が過剰に使われる会話は、人同士の心理的な距離感を増幅させる作用があり、関係性を築くさいに悪影響が出ることもあるからです。

過剰な敬語の例をあげると、ことさらに「〇〇様」の呼称を使うこと、「お」や「ご」

など接頭語の多用、「です・ます」でいいところを「ございます・であります」などオーバーな表現にすること、「私のような者が書いたつまらない文書ですが」など過度のへりくだり表現や自分を卑下する言葉の常用、「よろしいですか」でいいところを「よろしかったでしょうか」と迂遠な言い回しにすること、などです。

また、堅苦しい態度や遠慮のしすぎが過剰な敬語表現と感じさせるかもしれません。

このような敬語はよそよそしさが強くなります。表面はていねいなのに、相手を軽く見ている印象を与えることもあります、また、**ていねいすぎると、相手が打ち解けたいと思っても壁がある印象になり、かえって信頼を遠ざける**原因となります。親和性はお互いへの関心や思いやりの感情を強めるものです。節度は大事ですが、硬直した態度で丁重な言葉づかいに徹するのはマイナス。ほがらかな態度で打ち解けた言葉もさりげなく入れながら、少しずつ距離感を縮めていくことが信頼を得るうえでは必要です。

POINT

- 強い距離感や不快を感じる可能性がある過剰敬語はNG

45

ほめ言葉に注意

ほめ言葉はよいコミュニケーションツールです。うまく使うと、初対面の相手との距離感をうまく縮めて打ち解けやすくなるだけでなく、相手の無意識に信頼のための土壌をつくることができます。しかし、誤解しないでください。これは見え透いたお世辞の話ではなく「ほめ言葉」についてです。きちんと区別しておいてください。

ほめ言葉の第一の条件は「観察力」。つまり相手の美点をすばやく見てとる能力です。その**美点について、ふさわしいタイミングでの的確に伝えるのがほめ言葉**です。

一般的にほめ言葉の適切なタイミングは、自己紹介など一連の情報交換が終わり、落ち着いた頃がいいでしょう。口にしたければ開口一番でもいいのですが、通常はやや不自然です。急ぎすぎたほめ言葉はかえって不信感のもとにもなります。

どこをほめるべきかは、相手との関わりにもより、一概には言えません。しかし、誰かの紹介なら「お聞きしていたとおり、○○な方ですね」という言い方で始めるのもいいですね。いきなり「○○がいいですね」とズバリ言うより、「知的な雰囲気ですね」「お話がわかりやすいです」など、雰囲気や印象をほめて様子を見ることをおすすめします。

注意が必要なのは「容姿」に言及することです。きれいだ、ハンサムだという言葉は、言われてうれしいときも確かにあります。しかし、多くのビジネスパーソンは当然ながらビジネスで評価されたいという自然な欲求があります。また、容姿はジェンダーでイメージが固定されやすい要素です。そこは意識のアップデートが必要でしょう。それらの感覚に無頓着なまま、相手が喜ぶと安易に思い、ビジネス能力に関係ない容貌やスタイルをほめるのはタブーと言ってもいいでしょう。

神経経済学では、ほめ言葉がオキシトシンの分泌を促進することがわかっています。これは社会的な絆や信頼、親密な関係を形成するうえで重要な役割を果たすホルモンです。まさにほめ言葉は相手との距離を縮め、信頼につなぐ有効な方法です。

POINT

ほめ言葉は適切なタイミングで的確に伝え信頼につなげよう

46

意識のアップデートはいつでも必要

古い時代の価値観に固執し、固定観念に縛られた感覚しか持ち合わせない……。こんな人を信頼する気にはなれませんよね。こういった人のことを世間一般では「老害」とも言います。しかし、自分はまだ若い、と年齢に安心しているあなた、あなたの意識は信頼されるにふさわしいくらいアップデートされていますか？

仕事への取り組み方の中でもアップデートが重要ですが、信頼構築のための印象と第一印象を左右する領域について少しお話しします。あなたは、つぎのようなことをどう思いますか。もし「当たり前」と思う感覚があったら、注意してください。

- 結婚は誰にとっても幸せ↓×暮らしにおける価値観は多様化しています。
- カップルとは異性同士の組み合わせ↓×そうは限りません。
- 結婚したらつぎは子ども↓×さまざまな考えや事情があり決めつけられません。

ご覧のように、**人のライフスタイルやジェンダーに関することには要注意**です。これらは一般に固定観念となりやすく「当たり前」と思い込みやすいことですが、人が持つさまざまな価値観や考えに照らし合わせると非常に繊細なことです。そのため、自分の固定観念の存在を疑わないままだと、気づかないうちに誰かに対して不満やすっきりしない感情を与えやすいのです。

たとえば「早くお相手見つけてください」「奥さん（だんなさん）は……」「お子さんは何人くらいの予定ですか」などの発言を何の気なしにすることがあります。これらの発言はごくプライベートなことなのでマナーとしても問題であり、他者の事情も知らず不用意にするべきではありません。お相手のことを聞くにもジェンダーを固定せず、「パートナーの方」などと表現するのが無難です。

これは全方位にアンテナを張って完璧な感覚を持ち合わせるべきということではありません。固定観念を疑い、できるだけアップデートに努力しようという話です。

POINT

固定観念に縛られず意識をアップデートする努力が信頼に結びつく

47

なめられるカジュアル服と高好感度カジュアル服

ビジネスでの適切な距離感を表現するうえでは、服装も影響がある要素です。それを知っていて「初対面はスーツでかしこまるのもいいが、相手が気楽に打ち解けてくれそうな雰囲気の演出のために、あえてカジュアルを選ぶ」と考えるビジネスパーソンも少なくありません。その戦略はいいと思いますが、カジュアルは決していいかげんな服装を指すわけではありません。選択を間違えると第一印象で失敗します。

カジュアルが気楽な雰囲気を出せるのは、着る人がある程度リラックスできる衣服であることで相手の緊張もほぐれるからです。その効果を出すためには相手ときちんと同調できていることが必要です。相手は節度をもってスーツなどを着用しているのに、自分だけカジュアルで気楽な雰囲気ではかえって失礼になります。

格好から軽く見られてなめられることもあります。相手のふだんの環境がカジュアルに見えても、初対面はわざわざ気をつかってビジネスフォーマルを着用してくれる人も少なくありませんので、そこも配慮した服装選択が必要です。

戦略としてカジュアルを選択するなら、ジャケットを着用するなど、通常のビジネス服にできるだけ寄せることは考えましょう。ただ、シルエットや衣服の材質は着心地が楽でリラックスしやすいものにして、色も少しやわらかめのものを選ぶと適切な節度を演出しやすいです。

「リラックス」よりも「なめられる」結果になるのは、くたびれたポロシャツ、履き古した靴など、清潔感がない格好です。また、派手な色や模様、サンダルやキャップなどのビジネスよりスポーツや海辺がふさわしいアイテムも、避けることをおすすめします。女性は長すぎるスカートや透け感がありすぎるアイテムにも注意してください。これらはビジネスシーンでは違和感が生まれやすく、適切な距離感を通り越して、違う次元にいるような雰囲気になりそうです。

POINT

あえてカジュアルを選ぶなら、その戦略に合うものを身につける

48

上手な自己開示のコツは？

人との距離を縮め信頼されたいときは、まず自分から自己開示する。これはコミュニケーションでよく知られた理論です。しかし、いざとなると話し出すきっかけがわからなかったり、自分のことをしゃべりすぎてかえって変に思われてしまったりというケースもあるようです。上手に自己開示して相手の信頼をスムーズに得るにはポイントがあります。

適切な自己開示がコミュニケーションや信頼に役立つ理由は、相手が安心しやすいからです。自分を明らかにするのはある意味で恥ずかしく勇気がいるものですが、あえて先に立つ人がいると安心できます。また「**返報性の原則**」が働きます。これは何かをしてもらうと、自然にお返しをしたくなる心理的作用です。

何を開示すればいいのかについて、心理学の理論では強みや弱み、失敗や成功、好き嫌いや趣味、悩みまであらゆることを開示するのが有効とされます。

しかし、知り合ったばかりでそれらのことをいきなり吐露するのは難しく、相手も引いてしまいそうです。最初はまず話しやすいムードづくりから始めましょう。

表情、話すスピードや声のトーンを合わせていって、会話がしやすいムードになったら、ごく軽い話題から始めてみてください。

たとえば、もし相手先を訪問していたのであれば、「この近くはおいしいカレー屋がいっぱいあっていいですよね。じつは私、カレーに目がないんです」や「映画館が近いですね。映画が大好きなので、帰りに寄れる環境がうらやましいです」など、**雑談ふうに嗜好や趣味などの紹介からスタートすれば、相手も乗ってきやすくなる**でしょう。

一方的な自分だけの話になってはうまくいきません。「私は意外と細かい作業が苦にならないのですが、○○さんは？」と、折に触れて相手に話を振ってみましょう。相手がそのやりとりに慣れてくれれば、いろいろな情報交換もしやすくなります。実際、仕事ができて信頼される人は、こういったやりとりが自然で上手です。

POINT

信頼に役立つ自己開示は徐々に雑談ふうに始めてみよう

49

弱点・苦手な部分を上手に伝える

自分の弱点、苦手な部分はできるだけ隠したいと思う人もいるかもしれませんが、うまく先に伝えておくと、むしろ信頼を得やすくなるものです。なぜなら、お互いにうまく協調するために歩み寄るきっかけになるからです。ただし、伝え方を間違うとネガティブな印象を与えてしまいますので、上手な伝え方を知っておいてください。

伝えるときには、「これが苦手です」とただ言うのではなく、自分でできる努力をする意志があることが伝わることが大事です。たとえば、自分が得意なことも一緒に伝えるといいでしょう。「私は全体的なプロジェクト管理はかなり得意で、とくに方々《ほうぼう》との調整をよく任されます。しかし、作業を割り振るなどの細かい作業はどうしても苦手なところがあります」といった具合です。

加えて、前向きなフレームを意識して話をすると、相手の理解も得られやすくなります。**苦手な部分の情報共有がもたらすメリットも話しておく**のです。先の例であれば、細かい部分について相手のよりいっそうの注意やサポートをお願いできれば、ミスを少なくできたり、役割分担が明確にできたりして、全体をさらにスムーズに進められるでしょう。そんな提案ができれば、相手も聞いてよかったと思うはずです。

また、**自分の弱点、苦手な部分によって今後相手が感じる可能性がある心配や不満について先んじて話をしておくのも効果的**です。たとえば、「これから進めていく中で、私からの連絡が具体性や細かさに欠けているとお感じになったら、ご遠慮なく教えてください」「こうしたほうがいいと思われることはどんどんアドバイスをお願いします」などです。先にこのように伝えておけば、相手もいたずらにフラストレーションを感じることなく、意見や提案をしてくれるでしょう。

あとは態度や話し方に気をつけるだけです。卑屈な様子や弁解がましい言い方は相手を不安にするだけです。明朗な態度や話し方で素直に伝えてください。

POINT

弱点・苦手な部分は前向きなフレームで伝える

50

事前準備を怠らない

最初のアポイントメントが決まったなら、事前準備として相手先のことをまず調べましょう。いまや中小合わせてほとんどの企業が公式サイトを持っています。

本社住所、従業員数、支社、沿革などがあっという間にわかります。代表的な幹部の名前を検索すると、インタビュー記事などもあれこれ出ていることや、SNSでも公式アカウントを設けて最新情報を発信していることが多く、新しい話題も含めて情報収集には事欠きません。**相手も「しっかり調べてくれたんだな」と感じると、親近感や信頼感を覚えます。**

逆に**最低限のチェックはしないと「事前に調べてもいないんだ」と、ビジネスパーソンとしての能力を疑われます。**また、よそよそしい感情を持たれ、信頼もほど遠くなるでしょう。「こちらに関心がない」と思われれば、相手もあなたへの関心を持つ気がなくなるからです。人は相手と同じような距離をとろうと思うものです。

とはいえ、「あれも見ました。これも見ました」と過度の「知ってる」アピールをすると、相手はいきなり距離を詰められたように感じ、かえって煙たがられます。「見やすいサイトなので、勉強させていただきました」という態度がちょうどいいでしょう。

このような事前準備が必要なのは、相手への関心を伝えるアピールになるためだけではありません。相手先の現状や課題の理解、話題や提案の準備にも役立つからです。

第一印象の観点からさらに言うと、そのような情報からは企業文化や価値観のようなものが伝わってきます。たとえば、フォーマルで形式を重んじる雰囲気かオープンでフラットな雰囲気かなどがわかるのです。相手の雰囲気によって、好まれる距離感やていねいさは違います。そこを考えることによって、どのような服装、話し方が適切かをある程度戦略的に選べるでしょう。

POINT

ビジネスとしても印象形成の意味でも事前準備を怠りなく

51

相手が誰でも遅刻しない

「時は金なり」と言いますが、時間は誰にとっても非常に重要な資産です。賢明な人ほど時間は自分の成否にかかわると考え、効率的に使おうとします。ただし、実際の成否の分かれ目は、自分の時間と同じく他者の時間を大切にできるかどうか。とくに「遅刻」は相手の資産をある意味「盗んで勝手に使うこと」くらいのものだと深刻に考えてください。**軽く考えていると、地滑り的に信頼をなくしていく**かもしれません。

もちろん、誰でも時間を間違えることや、電車遅延などのアクシデントに見舞われることはあります。しかし、そのようなときにも、時間の感覚がどうかははっきり表れます。他者の時間の大切さがわかっている人は、もともと早めに着くようにするなど、遅刻をしないためのスケジューリングをします。しかし、不可抗力でどうしても遅れそうな場合は、わかった時点でまず迅速に時間調整のお願いをメッセージし、待たせる間を有効活用してもらえるようにします。相手の時間を惜しむからこそ、そうするのであって、一緒に最大限のお詫びの言葉も入れます。万が一遅刻しても信頼を失わないのは、そういう人です。

ですから「これくらいは大丈夫だろう」「自分は忙しかったから、仕方がない」とルーズに構えている人は自分のことばかりで他者を尊重できないのだと言えるのです。自分を大切にしてくれない人を相手も大切にしません。どれだけ仕事でがんばろうとも、信頼関係は希薄になるのです。

相手の立場や自分との関係性で、対応を変えるのも絶対やめてください。「相手は地位の高い人だから絶対遅刻できない」、「取引関係ではこちらが強いので（部下なので）、少々待たせてもいい」などと考えるのはひと言で言うと「傲慢」、つまり人全般に対する基本的な礼に欠ける態度です。そのようでは信頼されないだけでなく、自分自身のあり方も歪めます。今までそういった人を何人か見てきましたが、そういう人が今でも活躍しているような話は一度も聞きません。

POINT

遅刻を軽く考えず、他者の時間を大切にする

52

リスケを簡単に考えない

リスケとは、「リスケジュール（予定変更）」の略です。頻繁にリスケしている人は、あまり仕事ができない印象になるほか、だんだんと軽んじられるようになります。仕事ができない印象が強くなり、信頼できる相手とは見られなくなるのです。とくに**最初に会う約束などはできるだけ変更しない**ことをおすすめします。

私のこれまでの体験では、できるエグゼクティブはほとんどリスケしません。確かに、都合が悪くなったのなら変更はやむなしです。無理しても仕方がありません。突発的なことがあれば、できるエグゼクティブといえども、予定の変更はしなければなりません。しかし、それはよほどのときのことであり、簡単にリスケを考えてはいないのです。仕事ができる人がほとんどリスケしないのには3つの理由があります。

1つめは、よく考えてスケジュール全体を組み立てているので、あまり変更の必要が起こらないからです。

2つめは、あらかじめバッファを組み込んでいるので、多少の時間のずれがあっても、調整できることが多いからです。

3つめは、時間に対する感覚がしっかりしていて、リスケが相手に与える負担を知っているからです。だから、いたずらに他人にリスケをお願いしない。

つまり、仕事能力があって、工夫ができて、人を大切にするからリスケが必要な事態がほとんどないのです。リスケを簡単に人に頼む人は、逆の印象になります。

もうひとつ、人は相手と同じようであろうとする傾向があります。丁重にされれば、丁重に、ぞんざいにされればぞんざいになります。**リスケを簡単に頼むようになると、相手からも簡単にリスケしていい人間として認識される**でしょう。そのような可能性も考えて、リスケを依頼するときは気をつけてください。

POINT

簡単にリスケを依頼すると、信頼を得られず、軽んじられるようになる

53

「いい人」と思われなくてもいい

信頼を得たいとき、「いい人と思われたい」と多くの人が考えがちです。しかし、これに過度に焦点を当てると、媚《こ》びへつらいや誠実さを欠いた行動を招いたり、さらにはビジネスにおける適切な判断を誤るリスクがあります。堂々と信頼を得たいなら、「いい人と思われたい」という願いはバランスよく取り扱ってください。

誰もが、いい人と思われたいでしょう。当然です。しかし、そのためにビジネスで必要なことをうまく伝えられなくなったり、自分を抑制したりすると、相手とのビジネス関係に歪みが生じますし、自分の精神衛生上もよくありません。

お世辞が多くなっていないか、過度な敬語を使っていないかには要注意です。顔の筋肉が疲れるような愛想笑いもだめです。ちなみに愛想笑いは、目や口元の様子が自然な笑いと微妙に違う不自然な笑いです。人間はそのような不自然さにはけっこう敏感で、自然な笑顔を見るときとはまったく逆の不快な感情を持つことがあります。

こうした言動や態度で**相手から「この人は本音で話していない」と思われたら、本質的な信頼を失う可能性があります。**

何より大事なのは「ノー」と言うべきときに言えること。相手からの評価を恐れて、できないことをあいまいにしていては、トラブルのもとになります。「それは難しいです」と明確に伝える必要があります。ただ、信頼を得やすいのは、それをはっきり伝えてから「代わりにこの案はいかがですか」「この方法であれば、可能です」とできないことを補うための建設的な提案ができる人です。このように、適切な主張ができる能力を「アサーティブネス」と言います。**相手への敬意を忘れず、相手の価値観、利益、感情に配慮しながら、自分側の価値観や利益、感情に忠実であることを目指しましょう。**このほうが結果として信頼関係を築きやすいのです。

つまり、自分をいい人にしておきたい気持ちに引っ張られず、本当のいい人を目指し、それに見合った誠実な言動を保つことが、真の信頼関係を築く基盤となります。

POINT

「表面的ないい人」ではなく「本当のいい人」を目指す

54

「謙虚」と「卑屈」を間違えない

人からの信頼には謙虚さも大事と考える人は多いのではないでしょうか。確かに、謙虚さは相手との心理的な距離を適切に保つために欠かせない態度や品性です。しかし、ここにおいても勘違いによって、謙虚でいたいと思いながらも間違った態度で信頼を逃す人がいます。ポイントは「謙虚」と「卑屈」は違うということです。

私のトレーニングに来る方の中でも「エグゼクティブとしての風格は身につけたいが、謙虚さも持ち合わせた人間でありたい」と言う方は多いです。

謙虚さとはひと言で言うと、自己主張しすぎず他者を尊重する態度です。しかし、自己主張しすぎないことを「自分を抑える」と取り違えたり、他者を尊重することを「他者にへつらう、媚びる」と混同する勘違いをしたりしている人がいます。それは本人も気づかないうちに「卑屈さ」になっていて、信頼とは結びつかない侮られる態度となる可能性があるのです。前で過剰な敬語はかえって信頼を失うというお話をしましたが、そんなことの根底にも残念な勘違いが存在しているかもしれません。

信頼される謙虚さとそうではない卑屈さの違いをあげると、謙虚さのある人は、ていねいで他者に一歩ゆずるような礼儀正しい態度を保ちつつも、健全な自信が感じられます。一方、卑屈な態度の人は、同じくていねいですが不安そうで消極的な様子であり、必要以上に自己卑下する表現を使いがちです。自信のない様子がうかがえるのです。

謙虚と卑屈のいちばんの違いは「自信」でしょう。自信を持つことも人からの信頼には必要です。ただ、「自信を持つ」と言うと、これも勘違いして自意識過剰で鼻持ちならない様子を想像してしまう人もいるかもしれません。しかし、違います。自信とは自分を知り、自分を肯定できることです。ですから他人も肯定でき、尊重できます。それが表れるのが謙虚さなのです。他者から信頼されるような謙虚さを身につけるためには、まず自分を知り、自信を育ててください。

POINT

謙虚さと卑屈さを混同せず、信頼される態度を身につけよう

COLUMN

メールの言葉づかいでも「印象」は決まる

仕事ではメールやテキストメッセージを使ったコミュニケーションがかなりの割合を占めます。ここでの信頼構築に欠かせないポイントをお伝えします。

まず、ていねいな言葉づかいはマストです。ただし漢字を多用するような過剰な敬語は堅苦しく読みにくいため、好感度は低くなります。不必要なていねいさよりも相手への敬意、読んでもらうことへの感謝が含まれているかどうかに配慮してください。メールやテキストメッセージでは感情やニュアンスが伝わりにくいため、ちょっとしたことでも冷たく感じさせる恐れがあります。感謝の言葉は多めに使い、前向きなトーンを演出することをおすすめします。温かみのある人物の印象になります。

一方で、要領が悪く趣旨がわかりにくいと、相手に徒労や不満を感じさせやすく、信頼を失うもとです。日時や場所、数字情報などは長い文章に混ぜ込まず、箇条書きがベストです。「わかりやすいか」を吟味して送るようにしてください。何を伝えたいのか、何をしてほしいのか判然としないメールやメッセージが意外に多く、返信が必要なのかどうかわからないものも少なくありません。こんなことで相手に「だから？」などと思わせたら、仕事に期待できない人と判定されてしまう恐れがありますので、文章は十分に練りましょう。

第5章

服装を味方にする

55

服装はあなたの内面を知らせるラベル

あなたはワインを飲みますか？　お店でワインを買うときは、きっと最初にラベルが目に入るでしょう。くわしい人は産地やつくり手などの文字情報に目が行くかもしれませんが、多くの人はラベルを見て、中身を想像するでしょう。いずれにしても、最初からボトルの中の液体に目を凝らして、その真価を見抜こうとする人はなかなかいないはずです。あなたにとっての**服装は、そのラベルのように見る相手に自然に中身の判断をさせる要素**です。たかが服装と侮ってはいけません。

服装は目立つ視覚情報です。ボディランゲージの研究では、持ち物も含めて服装は重要な非言語コミュニケーション要素とされ、**エグゼクティブプレゼンスの分野でも、その人の役割やポジション、能力を示す効果的な戦略ツール**のひとつです。服装や持ち物には、相手があなたを見たとたんにあなたのビジネスパーソンとしての資質やつきあい方を想像させる作用があるのです。

ワインのたとえが続いて恐縮ですが、もしラベルが威厳のあるデザインであれば重厚で年数を経た高級な味わいでありついでに高価格であることを、手に取った人に感じさせるでしょう。個性的で洗練されたデザインなら、ひとクセありそうな味を想像して期待する人もいれば、わかりにくいと敬遠する人もいそうです。カジュアルで明るいデザインのラベルであれば親しみやすいと思われるかもしれない一方で「安っぽい」と感じる人もいるかもしれません。ただ、どのラベルもつくった側が「こう感じさせたい」と思ったとおりの効果があれば、それは成功です。

あなたは、**服装を選ぶときに、見る人に「どう感じてもらいたいか」を意図し、またそれを叶える服装を選べているでしょうか**。そのことについてあまり考えず、「これを着たいから」「おしゃれ」「ラク」だけで決めてしまうと、自分について伝えることも早期に信頼を得ることも難しいでしょう。しかし、真剣に考えることができれば、服装はあなたの味方になります。

POINT

見る人に何を伝えたいかを考えて服装を選ぶ

56

服装のメッセージをコントロールする

服装の役割は単に身体を覆うことだけではありません。見る相手に自然に中身の判断をさせる要素であることは前述しました。それだけでなく非言語コミュニケーション要素として相手にメッセージを伝える役割もあるのです。

通常の結婚式では参列者はフォーマルウエアでドレスアップします。その理由は何でしょうか。「それがマナーだから」と答えるかもしれません。確かにそのとおりですが、それがマナーである理由は、みなでそろって儀式用の衣服を身につけることで、他人の重要なライフイベントに対する敬意や祝意というメッセージが伝えられるからです。また、服装の雰囲気が統一されると、それぞれが安心感を持つこともできるでしょう。

さて、これが仕事であれば、そのときの予定や会う相手によって、伝えたいメッセージは違うでしょう。従来はスーツというビジネスフォーマルがビジネスの雰囲気をダイレクトに感じさせ、適度な緊張感、そして自然な敬意を表現していました。着る人の仕事への姿勢やプロフェッショナル感を伝えてくれる基本の選択肢だったのです。

しかし、休日の出勤などのときには、あえてリラックスした雰囲気をつくることや緊張感をやわらげることを意図して、カジュアル寄りの服装を選ぶことも少なくありませんでした。現在では、カジュアルスタイルはリラックスして働ける、創造性や柔軟性を演出しやすい、親しんでもらいやすい、ということからさらに好まれています。

ビジネスフォーマル、カジュアル、それぞれに意味や利点があります。こういった選択のとき、「マナーだから」または「楽だから」で思考停止、は禁止です。判断基準となるのは、**あなたが人に伝えたいメッセージを意識できているかどうか、そしてそのメッセージはあなたへの信頼を得るうえで適切なものなのかどうか**です。

今日、あなたはどんな服装で、誰に何を伝えようとしましたか？　適度に緊張した気持ち？　尊敬や敬意？　それとも気軽に接してほしいという気持ちでしょうか？

それが何であれ、重要なのはメッセージをコントロールする意識なのです。

POINT

フォーマルかカジュアルかは相手へのメッセージで考えよう

57

適切な服装を選ぶときの基準

服装などの視覚から入る情報は、人間が抱く印象の50～60％を占めると言われています。その印象は言葉によらず感覚で相手の意識に3秒たらずで伝わります。そして、人間は理性で判断する前にこのような感覚的に覚えた反応に影響されます。

服装は単なる物ではなく、第一印象からの信頼感や期待を大きく左右する要素です。自分についての適切なメッセージを整えるつもりで、服装を選ぶことが大事なのです。

これは、スーツなどのビジネスフォーマルを着ていれば大丈夫とか、カジュアルだとダメだという話ではありません。大事なのは「みんなも着ているから」「許されているから」ではなく、この場面でこの相手に対して自分が何を感じさせるか、最適解を選ぶ意識が求められます。

ただし、ひとつだけ判断基準として持っておきたいのは、自分を見て「この人の仕事は信用できそうだ」と思ってもらえるかどうかでしょう。つまり「**プロフェッショナル**

感」が出ているかということです。ビジネスパーソンとして信頼されたいなら、それは当然ですよね。

最近では、リラックスした雰囲気や創造性をアピールできるという理由でカジュアルスタイルを選択する人も増えました。この選択が裏目に出て、仕事への意欲が感じられない、だらしなさが目立つ、キャリアやポジションに似つかわしくない、などの印象を与えてしまったら、第一印象が台無しになります。この点では、もともと緊張感が出しにくいカジュアルはやや不利です。しかし、これもスーツであればクリア、という単純な話ではありません。

「プロフェッショナル感」を醸し出すのは、最適解を選ぶ意識に加えて、清潔感のある着こなし、節度のあるアイテムやコーディネートです。この点をふまえて鏡を見て、自分はプロに見えるかどうかをチェックしてください。

POINT

「プロフェッショナル感」が感じられるかをまず基準にする

58

服装に無頓着な相手に合わせたほうがいい？

信頼を得るには、服装が非常に重要なことはもうお伝えしました。しかし、よく言われるのは「自分がきちんとしていても、相手先がラフな服装の場合はどうすべきか」ということです。こちらがきちんとした装いをすると、相手に対してかえって失礼にならないか、合わせるべきなのか、と迷ってしまう人は多いです。そんな悩みにお答えするとき、つぎの3つのポイントから考えてもらうようにしています。

1つめは、**自分がどのような印象を与えることが成功か**ということ。服装は自分のスタンスや仕事のイメージを表します。相手先がラフな服装でも、相手からあなた自身に求める服装の基準は異なる可能性があります。たとえば金融など信頼第一の業界やコンサルタントなど高品質なアドバイスが期待される業界などはどうでしょうか。自分のプロフェッショナリズムをどのように示すのが正解かを考慮すべきです。

2つめは、**そのときにどんな距離感を期待しているのか**ということ。服装はビジネスでの距離感の表現に影響することは前にお伝えしました。「自分だけかしこまった服装では距離感が縮まらないので相手に合わせていく」のもひとつの方法ですが、過度にカジュアルに合わせようとすると、かえって軽視されることもあります。また、「相手に合わせれば親しみを覚えてもらえて、それが信頼感になる」と考えるのは早計かもしれません。相手との適切な距離感がどうなのかも考える必要があります。

3つめは、**そこに相手へのリスペクトがあるかどうか**です。相手の服装がラフだからといって、「自分も相手と同じでいいや」という考え方におちいっていると、見た目のだらしなさにつながり、相手から見ると「なめている」という印象にならないでしょうか。それでは、信頼には結びつかない可能性が高いです。

このようなポイントから検討して、自分や会社の方針にもとづいて決めるのがいいと思います。ただ、少なくとも清潔感があってシンプルながら品がある服装でないと、早期の信頼感形成は望めません。この原則はカジュアルであってもあてはまります。

POINT

相手の服装に合わせるかどうかは3つのポイントで検討する

59

適切にカジュアルダウンするにはスーツの勉強が必要

ビジネスカジュアルというスタイルは一年を通して一般的になり、スーツの着用が必須ではない企業も増えてきました。しかし、今後長く信頼を得やすいビジネスパーソンになるなら、カジュアルが一般化している現在でも、伝統的なスーツのルールや着こなしを知識として身につけることをおすすめします。それは、スーツがビジネスウェアの基礎を成すものだからです。

スーツは昔ながらの仕事服という単純なものではなく、**社会人として信頼される外見を自然につくり出せる便利な装備**であることを覚えておいてください。着ているだけで、能力や仕事への姿勢の確かさや、役割やポジションの格を感じさせるように、歴史の中でできあがってきたスタイルなのです。

ビジネスシーンにおいては、**カジュアルな装いでも、そのコーディネートやアイテム選びの原点はもともとのビジネススーツにあります。**女性のビジネスウエアも、歴史的に見てそのシルエットやフィット感、素材の選び方など、男性のスーツをベースに進化した部分があります。ですからスーツについてよく知ることは、誰にとってもビジネスシーンでの装いに自信を持ち、適切なスタイルを選ぶために役立つことです。

スーツについて本当に必要な知識を手に入れるなら、まず適切なサイズ（肩のフィット感、袖の長さ、上着丈、パンツの長さ、シャツの首周りサイズ、襟とそでの出方）、ビジネスフォーマルに合うアイテム・合わないアイテム（たとえばシャツ、靴、ネクタイ）、適切な色と柄（スーツ生地、ネクタイ）を最初に覚えてしまいましょう。選ぶときにも自信が出てきます。

きちんとした装い方を知っていると、カジュアルダウンもしやすくなります。 しかし、カジュアルな格好しか知らなければ、正式なスタイルが必要なときにできません。そして、正式なスタイルが必要な場面はほとんどがあなたにとって信頼が必要な重要な場面になるでしょう。ぜひ興味を持ってスーツを勉強してください。

POINT

・カジュアルな現代でも、スーツの知識が信頼感を高める

60

清潔感は「サイズ感」で演出できる

服装は第一印象からの信頼感や期待を大きく左右する要素です。その人がどんなふうに着こなしているかを見て、その人となりや生活態度、仕事の取り組み方や姿勢などを想像します。そこで示したいのが清潔感、つまりきちんとしていて気持ちよく整って感じるようなイメージです。

「清潔と清潔感は違う」と前述しましたが、身につけるものが洗濯されていて汚れておらず、清潔であることは人前に出る以上当然のこと。信頼を勝ち得るビジネスパーソンは「清潔感」を意識しなければなりません。

では清潔感のある着こなしには、まず何が必要でしょうか？　じつは「**サイズが合った衣服**」**を選ぶこと**は最初のポイントです。

ビジネスシーンでは、「フィット」するサイズの衣服を選ぶことが「見た目の清潔感」に直結することを覚えておいてください。「フィット」とは、ピタピタでもダボダボでもなく、自分の体形につかず離れず沿うくらいのシルエットとなるサイズです。この法則は男女関係なくあてはまります。

スーツを着る場合は「フィット」のサイズ感は絶対です。サイズが合っていないと、カッコよくキマるはずが余計なシワが入りだらしなく見えます。ジャケットだけでなく、シャツのサイズを吟味して首回りや身頃がフィットするものを選んでください。スーツをオーダーする人はシャツも一緒にオーダーすることをおすすめします。

ビジネスカジュアルであっても同様の感覚です。もちろん、シルエットに多少ゆとりはあっていいと思いますが、ジャケットの着丈や袖丈が短すぎたり、逆に袖回りがブカブカであると、きちんとして気持ちよく整っては見えません。

女性はシルエットは男性より選択の自由がありますが、やはりフィット感を大事にされるようおすすめします。

衣服のサイズ感のように一見目につきにくいように思えることこそ、意識して整えることで全体の印象をよいほうに変え、人の感覚をプラス方向へ動かします。

POINT

「フィット」するサイズを身につけて整った印象にする

61

ジャケットを味方にする

ビジネスでジャケットを着るのは、「仕事服だから」という理由だけではありません。**ジャケットは着る人に信頼に値する雰囲気をまとわせてくれる**、便利な衣服だからです。ここで言うジャケットとは、肩がフィットし、肩のラインをしっかり見せる形で生地にある程度の張り感（生地がある程度しっかりとしてシルエットが保てていること）があるものを指します。

もともと男性スーツのジャケットは広い肩と厚い胸を引き立たせる形をしています。それはそういった身体の部位が古来より威厳や高い能力の象徴となってきたからです。とくに肩は、姿勢で目立つ部分であり、その人間について感じる印象や人となりの判断に小さくない影響を与えます。疲れていて気力がない様子を「肩が落ちている」と表しますね。肩は人のエネルギーや健康に関するイメージも左右します。ジャケットがそのイメージを補強、補完してくれるのです。

しっかりした**肩のラインは、男性女性に限らず堂々とした印象を与えます。**試しに、ジャケットを着た自分とカーディガンのようなやわらかい肩の線の服を着た自分を見比べてみてください。自信や責任感がある様子はどちらでしょうか？　格があってプロフェッショナルに見えるのは？　そのように見せたいとき味方になってくれるのがジャケットです。男性が着るジャケットは、いわゆるテーラードジャケット（ここでは一般的な男性スーツ上着のように首にあたる襟の下にラペルと呼ばれる胸にかかる襟がついたジャケットを指します）をおすすめします。女性はテーラードのほかに襟のないものなどバリエーションがありますが、場面に応じて決めてください。

対面はもちろん、胸から上だけ見せるオンライン会議や自宅でも、さっと羽織ってください。対面より若干カジュアル感があると、自宅という環境になじんでいいかもしれません。ただし、ジャケットを味方にする意識は持っていてください。

POINT

ジャケットのもたらすメリットを理解して活用する

62

ジャケットの「ボタンマナー」を知る

カジュアル化の中、いざというときにスーツの基本的な着方がわからない、とあわてる人も増えてきました。割と見落としがちなのが、ジャケットのボタンの留め方です。「**アンボタンマナー**」をご存じですか？　**ボタンがついているジャケットの一番下のボタンをはずすという着こなしのルール**です。

服装の歴史の中で、一番下のボタンは飾りでしかなかったことから、もともとジャケットの一番下のボタンは留めないよう仕立てられています。また、そういう伝統から、ほかのボタンと比べ留めにくい仕付けになっている場合もあります。

「マナー」という言葉に「そのボタンを留めていると人に失礼なの？」と思う方もいるかもしれませんが、余計なボタンを留めてしまうと、シルエットが崩れる、余計なシワが入る、着ていて苦しいなど、着る本人にマイナスがあるだけです。ですから、「余計に留めていると野暮」くらいの感覚でいいかと思います。**真面目に装っているのに、何と**

なく変なスタイルになるのは避けたいので、ぜひ知っておいてください。

ビジネスで多いのは、二つボタンのジャケットですが、これは上のボタンだけ留め、下のボタンははずしておきます。

「段返り」の場合は一番上のボタンはもともと留めず、一番下も外すので、真ん中のボタンだけを留める着方になります。「段返り」とは、一番上のボタンが襟の折り返し（ラペル）に隠れていて、前から見るとボタンホールだけ見えるタイプです。

最近はあまり見ませんが、三つボタンの場合は上と真ん中だけ留めます。フォーマルで着るジャケットはひとつボタンが一般的なので、これは留めてください。

アンボタンマナーは男性服のルールです。女性服の場合はテーラードジャケットには適用していいと思いますが、違う意図でデザインされているものも多いので、購入するところやテーラーに確認してみてください。

POINT

ボタンマナーを知っておけば着こなしがよくなる

63

ビジネスフォーマルに合わないシャツ

割と多くの人がしている「きちんとしたスーツにボタンダウンシャツの組み合わせ」。じつは「間違い」です。もともとポロというスポーツから生まれたスポーツウエアなのでビジネスフォーマルでスーツの下に着るタイプのシャツではありません。

スーツのオシャレの本場イタリアやモード系ブランドでは、あえてスーツに合わせて楽しむといった提案もしているようですが、これはあくまでモードやファッションでの話です。「みんなが着ているからボタンダウン」では見る人が見たときに「間違えている」と思われてしまいます。相手によっては、信頼は得にくいでしょう。

きちんとしたスーツにはドレスシャツを合わせてください。「ドレスシャツ」と聞くと、ひらひらしたフリルを連想する方も多いですが、きちんとしたスーツの下にもふさわしいスタイルのシャツという意味だと思ってください。

ドレスシャツとは思わないほうがいいのが、**立ち襟（スタンドカラー）やボタンダウンで、**

もともとネクタイをつけるのには向かないシャツです。襟の長さが7センチメートルを下回るような小さい襟のシャツや襟先が丸いラウンドカラーも避けたほうがいいでしょう。また、胸にポケットがあるシャツも、厳密に言うときちんとしたスーツの下にはふさわしくないカジュアルなシャツです。

これらのシャツはビジネスカジュアルのスタイルで着てこそ、リラックスした雰囲気を演出して魅力的です。ぜひ使い分けてください。

ドレスシャツとして間違いないのは、レギュラーカラー、セミワイドスプレッドカラー。左右の襟を束ねて、ネクタイを立体的にできる「タブカラー」や襟にピンを通して襟元を締める「ピンホールカラー」はさらにエレガントな雰囲気です。

ビジネスフォーマルの格好をするときは、ふさわしいシャツを着てください。見ている人は見ています。間違いをしている多くの人に差をつけて、ビジネスフォーマルを着こなしましょう。

POINT

ビジネスフォーマルとカジュアルではシャツを着分ける

64

ファッションの要素には「格」がある

成功しているビジネスパーソンは身につけるものを選ぶとき、「格」を意識します。**「格」とは、その人が社会の中でどの程度評価され、信頼されるべき存在かについての等級のようなもの**と考えていただければいいでしょう。たとえば、ポジションや役割の高さ、属している組織の確かさ、能力の高さ、キャリアや経験の豊かさ、自信の強さなどが含まれます。

服装はあなたのラベルだと前述しました。そのラベルは人から無意識に見られています。そのラベルにしっかりと、責任ある役職や高い仕事能力を持つ人であることが書かれていれば、自然に信頼を得るのは難しくありません。成功者はその効果をよく知っているのです。あなたもぜひ同じことを意識してください。

「格」を意識するなら、自分の服装や持ち物について3つのことをチェックしましょう。

・服のフィット感

「サイズが合った衣服」は見た目の清潔感に重要と前述しましたが、服が体にしっかりフィットしていることは品質の高さを感じさせて格を表現できます。

・素材感

服の生地は格を左右します。適度な厚みやツヤ、しなやかさがあるものは高級感があり全般的にレベルが高いことを示します。よく見て触って選びましょう。

・色の選び方と組み合わせ

ネイビー、グレーなどの落ち着いた色の服、黒やダークブラウンの革小物などは、フォーマル感を出しやすいので格が高く感じます。身につける色数を抑えたほうがプロフェッショナル感、権威のイメージに加えて、控えめで上品な印象になります。

これらのポイントをまず意識してください。服装を通じて自然と「格」を表現し、信頼を得やすくなります。

POINT

・フィット感、素材感、色で格を表現し自然に信頼を得る

65

引き算がつくる信頼のファッション

ビジネスシーンで信頼を得たいなら、シンプルで品のあるスタイルがいちばんです。しかし、「おしゃれ」を意識するあまり余計な装飾を取り入れすぎ、浮ついて信用しづらい印象になっている例が少なくありません。**服を合わせるときは、自分を見直し、過剰なものは省いていく「引き算のファッション」を意識してください。**

たとえば男性のシャツはシンプルがいちばんです。ボタンダウンがスーツに合わないことは前述しましたが、そのうえボタンの色やボタンホールの糸に黒や赤などの色がついていると、単に目にうるさく、たとえカジュアルなシーンでも有能に見えません。またチェックなどの柄物の生地で白い襟を裏打ちしたシャツもビジネスシーンでは清潔感が感じられません。この衿、ファッション関係者からも不評です。

女性の服装の例では、大きなフリルのブラウスやボリュームのあるギャザースカートなど体積が大きい装飾はプロフェッショナルのイメージと合いません。そして、アクセサリーのつけすぎもその人の知性や落ち着きを隠します。耳、首、腕のひとつを目立たせ、あとはごく補助的に足すくらいにして、ポイントを絞りましょう。

男性女性関係なく気をつけたいのが、柄の使いすぎです。ジャケットでもインナーでも身につけるものに何か柄をひとつ使ったら、あとのアイテムは無柄にしないと、シンプルで品のあるスタイルにはなりません。そもそも普通のファッションでも柄と柄を合わせるのは高等なコーディネートテクニックで普通は失敗するだけです。女性の場合はスカーフ、バッグや靴で柄が重なることに気づかない例もよくあるので全体を見てください。レースも柄のひとつで、ほかの柄と重なるとうるさい印象になります。

ビジネス系ドラマはご覧になりますか？　装飾過多のファッションは悪役がよく身につけます。それによってどこか思い上がって信用できない人間であることを視覚的に表現しているのです。ぜひその逆のスタイルを心がけましょう。信頼には「引き算のファッション」が重要なのです。

POINT

余計な装飾、柄、アクセサリーの数に気をつけ省くようにする

66

色を散らかさない

清潔な衣服を身につけているのに、清潔感が伝わらない原因は、意外と着るものの色使いやコーディネートにあります。**清潔感のある着こなしを実現するためには、清潔感のある色を基調にし、色使いもシンプルにすることが効果的**です。

ビジネスシーンで清潔感のある色の基調となるのは、男性はネイビー、チャコール、グレーです。女性はそのほかにベージュやグレージュと呼ばれるグレー系の薄い色を取り入れてもいいと思います。これらの色は、冷静で自律できている感があり抑制が効いているように感じさせます。ですから、このような色合いをスーツ、セットアップ、ジャケットに使うと清潔感のある着こなしは実現しやすくなります。

これらに合わせるのはインナー、スーツでないときのパンツやスカート、男性ならネクタイなどです。**いろいろな色を使わず同系色にし、アクセントがほしい場合はせいぜ**

いもう一色を合わせるくらいの感覚がおすすめです。それ以上多くの色を使うと見た目の印象が散らかってしまいます。

ご存じの方も多いと思いますが、「色」とは視神経を通じて脳に伝わり、感覚や感情に影響を与えるものです。統一感のある色合いは、知的で安定した印象を生み出しますが、色が散らかっていると不安や不快感を与えることがあります。そのため、ビジネスの服装では多色使いを避けたほうがいいでしょう。

なお、基調の色から同系色でそろえる場合の例はこのようになります。

- **ネイビー系：ネイビー、ライトブルー、ダークブルーなど**
- **グレー系：ライトグレー、チャコールグレー、ミディアムグレーなど**
- **ベージュ系：アイボリー、サンドベージュ、キャメルなど**

ベルトや靴など革製品の色と材質は統一してください。こちらは黒やダークブラウンなど引き締める色にするとビジネスシーンでの清潔感を醸し出します。

POINT

シンプルで統一感のある色使いとコーディネートが重要

67

ネイビーを存分に利用する

「色彩心理学」をご存じでしょうか。色が人の感情や行動に与える影響を研究する学問です。たとえば赤は飲食店でよく使われます。赤は見た目の温かみだけでなく実際に体温を上げ食欲増進効果もあることがわかっているからです。

ネイビー（ダークブルー）は色彩心理学において、知性、責任感、誠実の印象を与える色として知られます。**見てすぐに信頼感を持たせるのに、まさにうってつけの色**なのです。加えて、ネイビーはビジネスシーンにふさわしい色としてはいちばん格が高い色にあたり、どんな場面にも使えます。男女問わず、この色を存分に利用してください。

いちばんおすすめするのは初対面のときです。お互いに距離感が確かでないときですから、違和感や、判断に困るような印象を与える色よりも、わかりやすく誠実で信頼に足りるプロフェッショナルである印象を与えたほうがいいのです。

重要な会議、着実な計画やアイデアを訴えるようなプレゼン、クライアントに最大限の敬意を表したいような堅い場面では、何より凛とした自信や品位が必要です。そのような場面では**ネイビーのスーツは鉄板のスタイル**と覚えておいてください。そのさいには**シャツやブラウスなどのインナーは白で決まり**です。

ビジネスカジュアルの場合でも、ジャケットをネイビーにすると、リラックスした雰囲気の中にも良識や品のよさが出ます。女性のワンピースなども、ネイビーであると誠実さとともに気高い印象があり、その場面に心地よい緊張感を持たせられます。ネイビーをベースにすると、白のほかに明るい色との相性がいいので、コーディネートもしやすいでしょう。

明るい色やパステルカラーを取り入れたほうがよい場面もありますが、そのような色は相手に対してどちらかと言えば気楽さや親しみやすさをアピールします。どこか一線引いた節度を感じさせたいときはネイビーをおすすめします。

POINT

初対面、堅い場面、節度を感じさせたい場面ではネイビーを使う

68

白を効果的に使う

白は清潔感を象徴する色であり、ビジネスシーンでは積極的に着るべき色です。**光を反射する色である白を顔の近くに持ってくると、健康的に明るく見せてくれます。**

スーツを着た場合、インナーのシャツやブラウスを白にすると清潔感だけでなく、折り目正しさや相手への敬意を表現できます。白はもともとフォーマルに用いられる厳粛な色でもあるからです。白が持つこれらの特性は信頼感を感じさせる装いに最適です。**初対面ではインナーは必ず白と覚えておいていい**でしょう。

しかし、誰でも感じることだと思いますが、ビジネスシーンでは白をスーツのほうに持ってくるとおかしなことになります。白の厳粛さが表に出すぎ、非日常的なドレスアップ感が強くなるためです。

女性の場合は自分が主役級のパーティや講演会など社交色が強い集まりではその効果を利用できますが、男性の場合は違和感が強すぎます。スーツやジャケットはダークな色にして白はインナーにするぐらいがちょうどいいのです。

一方で、白は夏やリゾートを連想させる軽快なイメージの色でもあります。そのため、軽快な白のジャケット、パンツやスカート、靴やバッグなどはカジュアルなアイテムとされ、本来はビジネスシーンに向かないものでした。

現在は**気軽なビジネスカジュアルの場面ならば白の清涼感がプラスに見える**こともあります。ただし、重要で深刻度が高い議題の会議やいつもよりも誠実で真摯な態度が必要な場面では、白のアイテムの軽さが信頼感を損なうこともあります。よく考えて選んでください。

「清潔感」「ドレスアップ感」「軽快さ」、白が持つこれらのイメージを理解すると白をシーンに応じて使いこなせるようになります。ぜひ白を効果的に使って、信頼感を手に入れてください。

POINT

白がもたらすイメージを理解してシーンに応じて使う

69

鏡ではかならず全身をチェックする

家に鏡はありますか？　小さな鏡ではなく、自分の全身が映る大きな鏡です。もし持っていないなら、すぐに購入することをおすすめします。なぜなら、**大きな鏡で全身をチェックする習慣がないと、印象で失敗する**からです。その理由は２つです。

理由の１つめは、**全身を見なければ、全体で調和が取れているかがわからない**からです。装いで大事なのはバランスで、色も含めたコーディネート、ジャケットやパンツ、スカートなどの丈とそれぞれの丈の組み合わせをチェックする必要があります。

２つめは、**全身を見なければ、身だしなみが行き届いているかどうかが確認できない**からです。シワや汚れなどがあると清潔感が損なわれます。着る前には気にならなかったものが、実際に着て全身を見ると目立つことがよくあります。とくに、背中やお尻や下半身はあらためて全身で見るとはじめて気づくシワや汚れがあるものです。自分の前面を見るだけでなく、合わせ鏡で後ろもチェックしてください。

そして、あらためて全身を見ると自分の体型の崩れもわかりやすいのです。できるエグゼクティブは、少しの崩れに気がついたら、食べる量や運動の時間を加減して微調整をするので、特別なダイエットなしでよい体型をキープできます。

弊社の研修でも個人トレーニングでも、**全身鏡は必ず持つ**ようお伝えします。持っていなかった人に、購入して外出前に全身をチェックするようになってからの感想を聞くと、「今までほかの人にはこんなふうに見えてたのかと、恥ずかしくなった」という声がよく上がります。つまり、そういう人は外見の印象にまだ伸びしろがあるということです。あなたも、さっそく実践してみてください。

それから、一部分しか見えない鏡でちょこちょこっと自分の姿を確認するだけでは、自分に確かな自信は持てないはずです。自分を全部見て「よし」と納得してから外に出てください。自信の感じ方も違いますよ。

POINT

全身をチェックすることで見えないものが見える

70

高い服じゃないとだめですか？

私はふだん、ビジネスキャリアを真剣に考えるエグゼクティブやエグゼクティブ予備軍の方に必要なトレーニングやコーチングを提供しています。そこでよくいただく質問があります。それは、「やはり値段が高いブランドものを身につけなければいけないのでしょうか」「費用をかけてスーツはオーダーにすべきなのでしょうか」などの服の値段やランクについての質問です。

これらの質問に対する答えは「ある意味ＹＥＳ」です。高いブランドものやオーダースーツなどは品質の高さが担保されやすいうえに、「自分はよいものを身につけている」という自信や満足感は、思考や振る舞いにポジティブな影響を与えるからです。成功する人はそのようなポジティブ効果を見込んでよいものを身につけようとします。また現時点で今ひとつ自分に自信が持てない人は、**とびぬけて品質が高いものを身につけることで無意識の自己評価が高く書きかわる例がある**ことも知っておいてください。「成功したければ成功者の服を着ろ」と言われる所以《ゆえん》です。

だからといって「絶対にブランドものかオーダーでなければならない」ということではありません。**「高い服」であることはいいですが、より重要なのは、「自分が高く見える服」**だからです。比較的低価格でもあなたを映えさせる服はあります。

ただし、そのようなものを手に入れるには日ごろ心がけるべきことがあります。それは「高いものを知ること（見る・触る・着る）」、「自分を知ること（サイズや似合うもの、自分に持たせるべきイメージ）」です。

たとえ買わなくても、ふだんから「よいもの」を売っている高級ショップに寄って見る目を肥やしてください。恐れずに服に手を通してみましょう。態度はていねいに堂々と試着してください。手の届きそうなオーダーにトライするのもおすすめです。採寸されたり、プロの話を聞いたりする経験は、これから着るものを決めるうえで役に立ちます。そして、自分のサイズ感や似合う色やイメージを知れば、値段ではない「自分が高く見える服」が手に入ります。

POINT

高い服より「自分が高く見える服」を意識する

71

ときには専門家を雇う

成功する人と一般の人との違いのひとつに「人の力を頼れるかどうか」があります。人に任せることをいとわない度量、助けがほしいときに迷わず言える潔さ、これらが成功する人間には備わっています。そんな人間は外見に関することでも積極的に専門家を雇います。効率のよい自己投資と考えているのです。おすすめは、「パーソナルカラー診断」、「オーダースーツ」、「ショッピング同行」です。

「**パーソナルカラー診断**」とは肌や髪や目の色など自分が持つ色素に合う色系統のタイプを診断してもらうこと。自分のタイプを知っていることで、自分を健康的かつ魅力的に見せること、ショッピングの効率化、クローゼットの統一感を手に入れられます。少なくとも意図せず自分を不健康や不快な様子に見せてしまう「似合わない色」は必ず知っておく必要があります。比較的費用も高くないので、一度はぜひ。

「**オーダースーツ**」は説明するまでもありませんね。オーダーは生地やディテールを好きにできるのも魅力ですが、いちばん大事なのは自分にフィットするサイズが手に入ることです。スーツテーラーによるプロの着こなしアドバイスも期待でき、依頼することで見た目のよさと自信が何倍にもなります。

「**ショッピング同行**」は、ファッションのプロに予算や希望を伝えておくことで適切なショップへの案内や、似合うものの見立てをお願いできるサービスです。センスに自信がない、探したり選んだりする時間がない、思い切ってクローゼットを一新したい人などに最適です。

女性にはこれらに加えて「**メイクレッスン**」もおすすめです。自分の魅力を活かすメイクや時短メイクなどを効率よく教えてもらえます。いずれにしても、ビジネスシーンで信頼されるスタイルやイメージをよく知る専門家を選びましょう。

このような外部の専門家はその知識や技能、経験とともに客観的な視点と刺激を与えてくれます。知らずに、独りよがりにならないためにも、時には頼ってみましょう。

POINT

効率のよい自己投資として外見の専門家へ依頼することを考える

COLUMN

「親しい人」より「専門家」の意見

外見や服飾は客観的な目や細かい知識も必要なことが多いため、ときには専門家を雇うことをぜひおすすめします。

パートナーがその専門家だったり、ご友人にその道のプロがいたりしたら、その方たちの力を借りるのもいいですね。ただし、それはその親しい人が本当の「プロ」だった場合です。少しくわしい程度であれば、本格的アドバイスはあまりお任せしないほうがいいと考えます。

それは、専門知識の深さや情報量、場数、責任感にはっきり差が出るからです。プロとそうでない人の違いは、それでお金を取れるどうかです。それはレベルがそれほど高いかどうかという意味もありますが、自信を持って料金を請求できるかどうかの違いも大きいのです。そこには責任感や向上努力が表れるからです。それが適切なアドバイスにつながります。くわえて、プロにしっかり料金を払ってサービスを受けることが、自分の取り組み方を真剣なものにさせてくれるでしょう。ですから、親しい人でもしっかりと見合う料金を払ってのことであれば、妥当です。

ただ、親しい人の場合はいろいろな「個人の事情」を汲み取りやすいために客観的な意見を得にくい可能性も高くなります。その点もプロの冷静な判断を期待したほうが、後々よい結果につながるでしょう。

第6章

小物で引き締める

72

小物は色と素材感を合わせる

服装がもたらす印象では、靴、ベルト、バッグ、時計、名刺入れなどの小物の色や素材感の合わせ方に違和感がないかはよく吟味しましょう。見た目の統一感と洗練さを決定づける重要な要素だからです。違和感があると、品や格が落ち、センスや気づかいが感じられなくなります。それは服装そのものだけでなく、その人の仕事にも同様の印象を持たれる恐れがあるのです。逆に**統一感や洗練が感じられるとバランスが整い、よりプロフェッショナルで信頼感のある印象を与えられます。**これはきちんとしたビジネスフォーマルでもカジュアルでも同様です。

男性が必ず色を合わせたいのは靴とベルトです。黒い表革の靴なら、ベルトも黒い表革です。靴だけブラウンにするのはあり得ません。この2つの色は必ず合わせてください。ついでバッグを合わせることができれば理想的です。女性は靴、バッグをできるだけ合わせましょう。名刺入れ、財布なども同様に合わせられるのがベストですが、同時に見ることがそれほど多くないため神経質になる必要はないと考えます。

時計はベルト（バンド）が革であれば靴やベルトに合わせます。女性の場合はアクセサリーの金属色にも統一感を出しましょう。

合わせるのはつぎの要素です。

- **色：黒／ダークブラウン／ブラウン**
- **素材：表革（表面加工やパテントも含む）／裏革（スエードやヌバックなど）**
- **使用金属の色：シルバー／ゴールド**

ネイビーやグレーなどビジネスカラーの服であれば黒の小物が基本色になりますので、ビジネスシーンで使う小物を購入するときはまず黒でそろえて、つぎにダークブラウンなどだんだんと増やしていく方法がおすすめです。

POINT

色と素材感を合わせプロフェッショナルで信頼感のある印象を生む

73

基本の靴はとりあえず一足持っておく

服装のＴＰＯの感覚はビジネスパーソンにとって重要です。ふだんはカジュアルでよくても、「いざというとき」に、装いを間違えると印象を損ない、信頼感を失う可能性が高いからです。そのため、きちんとしたスーツもそろえたら、それに合わせる基本の靴もとりあえず一足持っておくことをおすすめします。

基本の靴とは、ビジネスフォーマルであるスーツに合わせる靴です。どこに履いていっても失礼にはならず、もちろん「いざというとき」もカバーできる種類の靴です。

男性だと黒のストレートチップかプレーントゥ。内羽根式（紐を通す部分が靴の甲のところに縫い込まれた形）。つま先が細身のラウンドで、コバ（靴底の側面で縫い合わせが見える部分）があまり張り出していないもの。

女性だと黒のプレーンパンプス。太すぎないラウンドトゥ。足の指をちょうど隠すくらいの甲の浅さ。ピンヒールではないハイヒールでヒールの高さは７～８㎝とされますが、あくまで目安です。

これらはごくありふれた形の靴ですが、あまり置いていないショップが多いように思えます。そのため、本当に必要なときに意外にすぐ見つからないものです。

「いざというとき」は急にやってきます。たとえば、人との初対面、キーパーソンに紹介されるとき、セレモニーに招待されたとき、冠婚葬祭など。そして謝罪のために出向くときなどはとくに覚悟が必要な「いざというとき」です。このときの態度いかんでその後どのようになるかが左右されます。いい加減な格好では誠意を疑われて失敗します。ですから、あらかじめ用意しておけばあわてません。基本の一足、まずは持っておいてください。

POINT

「いざというとき」にあわてないための靴を用意しておく

74

靴のディテールの違いを知って信頼される

前項で「内羽根式の靴」に軽く触れましたが、ご存じでしたか？　このような靴のディテールの違いを知らないと、ちぐはぐなビジネススタイルになります。男性だけでなく、女性もそういったちょっとした違いで印象の損をしているケースがありますので、そちらも解説します。

さて、まず「内羽根式」と「外羽根式」です。男性のスーツスタイルには「紐付きの靴」を履きますが、その紐を通す部分が靴の甲のところに縫い込まれた形が「内羽根式」、これに対して、紐を通す部分を靴のサイドに縫い込んだ形が「外羽根式」です。同じ紐靴なので、スーツにはどちらでもいいと思うと間違いで、合わせる服装や履いていい場面は全然違います。

「**内羽根式**」**は、おさまりがよく、洗練された印象で、きちんとしたスーツスタイルに合わせられる形**です。黒で表革のストレートチップやプレーントゥはビジネスフォーマルだけでなく、冠婚葬祭のフォーマルにも使えます。しかし、**「外羽根式」はカジュアル靴の形**です。ジャケパン（ジャケット&パンツのスタイル）や軽いセットアップにぴったりですが、きちんとしたスーツには合いません。合わせると、どこかおかしい格好になります。逆にカジュアルなスタイルに「内羽根式」を合わせてもバランスが悪くて、残念ながら仕事ができそうに見えません。2つの違いをぜひ知っておいてください。

女性の場合、本当に小さなことですが、スエードの靴をビジネスフォーマルに合わせているケースをときどき見かけます。スエードなど、表革ではなく裏革の素材はカジュアルな素材です。これも軽いセットアップを始めとしたカジュアル服に合いますので、スーツ用にはもう一足、黒など表革の靴を用意することをおすすめします。

ほんのちょっとしたことですが、こういったディテールの違いが見た目の印象を洗練させるか、チグハグに見せるかの違いになります。ぜひ知っておいてください。

POINT

ディテールの違いを知ることで外見の印象を整える

75

名刺入れで初対面を制する

着こなしでの清潔感はその人の持ち物や小物も関係します。たとえば、名刺入れやビジネスバッグなどがそうです。中でも、名刺入れは初対面で必ず見られ、第一印象を大きく左右し、目に触れた一瞬で、優れた印象を持たれることもあれば侮られることもあるのです。優れた印象を与える名刺入れで、初対面を制してください。

見たとたんにアウト、侮られるだけなのは、もらった名刺でパンパンに膨らみ、自分の名刺が出しづらく、汚れや擦り切れがある名刺入れです。名刺管理や顧客管理などの仕事センスからして心配になります。**名刺入れは上質感があるものをきちんときれいに保ち、自分の名刺をなめらかに取り出せるくらいの枚数を入れておく**ようにしてください。自然に自信やプロフェッショナル感が出ます。

名刺入れは手指が何回も触れ、汚れがつきやすいので、最初から傷つきにくい材質のものを選ぶのがおすすめです。といってもメタルやプラスチック、ナイロンは安っぽくなりますので、やはり風合いや高級感のある革製で傷つきにくいものをおすすめします。**グレインレザー、ガラスレザー、コードバン、パテントレザーなどは強く、長く美しい状態で使えます。**反対にヌメ革やビンテージ加工の革はおすすめしません。それはよく見ればよい味わいかもしれません。しかし、名刺入れは基本的にじっとは見られません。目の端でとらえたときにわかるきれいな印象が必要なのです。

色や柄は黒やダークブラウンのように落ち着いた色で無柄が基本です。派手な色、有名ブランドロゴが全面に入ったような柄は浮ついた印象になりやすく、信頼に結びつくような効果は期待できません。ただし、上質なものであり、あなたのキャラクターとの一貫性があれば、目立つ色や柄があなたをよい方向へ印象づけることはあります。実際、ある経営者はダークスーツに鮮やかなブルーの名刺入れをお持ちでしたが、オープンな人柄とピタっと合って、今でも印象に残っています。

POINT

きれいめで上質な名刺入れで優れた印象を与える

76

ブランドものとはどうつきあうか

「ビジネス小物に有名ブランド製品はどうなのか」とよく質問されます。ビジネスパーソンが信頼を得るには外見だけでなく持ち物も大きな役割を果たしますが、よくも悪くも目立つブランド製品はさらに影響が強いと思われるため、気にする方が多いのでしょう。この質問には、ビジネス小物に有名ブランド製品は決して悪くないですが、それなりに考えたつきあい方がいいですね、とお答えしています。

ここで言う有名ブランドとは、目立つ豪華な店舗を持ち、その製品のほとんどが飛び抜けて高額である、伝統ある老舗のメーカーです。

有名ブランド製品のメリットは、品質の高さや洗練、豊かさを強くイメージさせることです。ずっと多くの一流に愛されてきた歴史をみなが知っているからです。持つことで自分の満足感や自信を高めてくれ、身につけることで他者からは「よいものを理解している人」「成功している人」として高く評価されやすいのです。

その一方で、デメリットもあります。過度にぜいたくなイメージが反感を誘ったり、分不相応で愚かしく未熟な印象を与えてしまったりすることです。

ブランド製品が自分にとってデメリットとならないようにするには、基本の身だしなみ、身につける衣服などに十分に気をつかい、ブランドのイメージとのバランスをはかることです。その製品のイメージと自分のキャリアも照らし合わせてください。たとえば高級ブランド時計など、キャリア豊かな人が身につけると、その地位や責任に自然になじみ信頼感をより確かにしますが、まだ仕事の評価半ばの新人であると浮ついているようにしか見えない場合があります。

何より、その**ブランドに期待するのは何か**を考えてください。単なる他人に対しての優越感なのか、それともプロフェッショナルな雰囲気を演出し、信頼関係を築くことなのか。それによっておのずと選択するブランドやデザインも違うはずなのです。

POINT

・ブランド製品を使うなら、デメリットに注意し、信頼関係に役立てる

77

お金をかける価値のあるアイテム

時計や靴など、他人の目にもふれやすいアイテムはいずれもお金をかける価値があります。そのアイテムを通じて、あなたが「よいものがわかる」「順調に成功している」など肯定的な印象を持ってもらえるからです。しかし、もっと大事なことは、自分がそのアイテムを見ることがセルフイメージに影響することです。

セルフイメージとは、自分のキャラ付けではありません。意識の奥深くで抱く「自分による自分の定義」で、自分の思考や行動、能力、そしてそれらが影響する自分の未来まで左右すると言われているものです。**無理する必要はありませんが、予算をしっかり考えて、自分のために投資として検討してはいかがでしょう。**

最初に検討をおすすめするのは時計です。時計は、時間を確認するだけでなく、ビジネスの装いの一部として欠かせません。ですから、時計が安っぽいと、印象を損ない、信頼や期待に結びつきません。超高価なものや華美なものはビジネスに不要ですが、質とデザインがよいもの、またメーカーやブランドを聞かれても、自分で一応自信を持って答えられるものを持っておくといいと思います。

つぎは靴。成功者が投資を惜しまないアイテムです。「足元を見られる」という言葉があるように、実際よく見られるところです。最初はビジネスフォーマルに合わせるベーシックな黒い靴をよいものにしてはいかがでしょう。男性はストレートチップやプレーントゥ、女性はパンプスなどです。よい靴は皮革や縫製はもちろんですが、全体の形が何とも言えず美しいものが多く、それが足元だけでなく全身を引き立ててくれます。ただし、デザインだけでなく、歩きやすいことは必須です。

そのほかに名刺入れやカバン、財布、ベルトなどの皮革製品、女性のアクセサリーなど、考えたいものはけっこうたくさんあります。最初に言ったように無理しすぎることはありません。しかし、**高額アイテムはじつは魔法の力も秘めていて、思い切って手に入れたひとつのものが、自分のセルフイメージをダイナミックに書き換えてくれる**こともあります。自分の未来を変える可能性も秘めているのです。

POINT
高いアイテムは未来への投資と考える

78

記念日には高級レストランに出かけてみる

仕事以外では、カジュアルでラクな服を選ぶのもいいですが、記念日などに高級レストランなどに出かけるのもたまにはいかがでしょうか。突拍子もないことに思えるかもしれませんが、**普段とは違った雰囲気の中で、あらたまった装いでよいサービスを受ける経験は、ＴＰＯや装い方の感覚を高め、自信や品が自然と身につきます。**

といっても、特別な服は必要ありません。一見地味なベーシックな色や形の服も、合わせるものしだいで高級レストランにふさわしい華やかさを演出できます。

高級レストランやホテルなど格式が高い場所にはドレスコード（訪れる人が守るべき服装）がよくありますが、よくあるのは、昼間は「スマートカジュアル」、夜は「エレガント」というコードです。

「**スマートカジュアル**」**は、いわゆる**「**キレイめカジュアル**」。このときには男性のネクタイはいりません。ただ、スマート（洗練・知的）に装ってほしい気持ちがこもっています。ジャケパンやビジネスカジュアル用のセットアップにポケットチーフで少し気取るのはいかがでしょう。女性はふだんのワンピースでも、装飾的なアクセサリーや小さめのバッグを合わせることで雰囲気が出ます。

「エレガント」は、節度あるスタイルに、夜のムードにふさわしい華やかさが加わったものと考えればいいです。フォーマルではないので、男性はビジネス用のスーツでいいですが、ネイビーなどのダークカラーに、少し光沢のあるネクタイやポケットチーフなど昼間の仕事とは違うアイテムを組み合わせること。女性はコットンやリネンなどのカジュアル素材以外のワンピースに光るアクセサリー、または仕事帰りのスーツなら、やや胸開きの大きいインナーや大ぶりのアクセサリー、ピンヒールの靴、小ぶりのバッグなどにすると効果的です。

ベーシックな服も合わせるものしだいで、高級レストランにも入れます。スイッチを入れるように、着こなしを楽しめれば、自信や余裕も身につきます。

POINT

普段とは違った雰囲気を楽しみながら装い方の感覚を磨く

COLUMN

効果的なイメチェン、逆効果のイメチェン

今までの自分を変えたいと、イメージチェンジ（イメチェン）に取り組むこともあると思います。ただ、効果的にできればいいですが、間違えるとビジネスで信頼を失うような逆効果を生むこともありますので注意してください。

大事なのはイメチェンをはかる理由です。ビジネスで求められるイメージの変化に積極的に対応するという理由なら効果が出やすいでしょう。たとえば、ポジションが上がったので、落ち着きや格をもっと強調していくために服装や小物を変えようという場合です。しかし、何となく変えたいという場合など、理由があいまいでは変化後のイメージにあまり意味がなく、逆に周囲が持っていたイメージを裏切るような逆効果になりやすいのです。

また、服装やヘアスタイルなど一部分からイメチェンしようとする人が多いですが、新鮮な自分を楽しむためならそれでいいと思います。しかし、人の雰囲気はやはりトータルで決まるもの。間をおかず、ほかの部分、たとえば小物類やメイクなども同一イメージに整えてください。それをないがしろにすると、イメージがばらついて逆効果になります。

このようにイメチェンは場合によって費用や時間がかかりますので、目的を明確にして戦略的に行うことをおすすめします。

第7章

声と話し方を選ぶ

79

声を磨くと信頼感につながる

ビジネスパーソンにとって、信頼を築くうえで重要な要素のひとつが声や話し方です。そう言うと、ほとんどの人が使う言葉や内容を理論的に話すスキルを思い浮かべます。そちらも大事ですが、その前にまず重要なのは人の耳に聞こえる音としての声や話し方です。まずここから磨いていきましょう。

前述のとおり、第一印象は瞬時に形成されます。印象は視覚だけでなく聴覚など視覚以外の五感から得られる情報によっても左右されます。**見た目だけでなく、とくに声や話し方といった聴覚情報もあなたの印象を決定します。**これは本能的な反応であり、理性的な判断や言葉が評価に影響を与えるのはそのあとでしたよね。また、人の第一印象はその人の無意識に作用して、以降の判断や評価の起点となります。最初に、相手があなたの声を聞いて、聞きやすい声だとか、話し方が上手そうなどの印象を持つと、その後のあなたの話を聞く姿勢、評価や判断にもよい影響が期待できるのです。

また、**声や話し方は第一印象だけでなく、話す場面すべてでその内容への評価を左右する**可能性があります。たとえば、ぼそぼそと細い声で話していると、不安定さや自信のなさとなって伝わり、価値の高い内容でも十分に伝わらないことがあります。内容とイメージが一致しない声や話し方では、訴える力はとたんに弱くなるのです。早口すぎて聞き取れないような話し方であれば、話の内容は理路整然としていても、納得しづらくなるでしょう。また、キャリアや責任に見合わない幼い声や話し方は、それだけで信頼を失うこともあります。

実際に私のトレーニングに来た方の多くに、声や話し方の改善だけで、ビジネスでの信頼につながって手ごたえを感じてもらえています。声や話し方に自信がつくと、それ以外の部分にも無意識に自信がつきますので、そこも信頼が増すポイントになるはずです。ぜひしっかり磨いてください。

POINT

言葉や話す内容の前に、まず声や話し方を磨こう

80

こんな話し方があなたの印象を高める

声や話し方は、初対面の印象を左右し、信頼を勝ち取るために大きな役割を果たします。「声や話し方」といっても、その要素はさまざまで、難しく感じるかもしれません。しかし、目指すべき目的はシンプルに2つです。**あなたが信頼に値する人物であることを伝えることと、相手を尊重し、意思疎通を大切にしていることを示すこと。**この2つを意識するだけで、コミュニケーションの質が格段に向上します。

まず、声についてです。声は、相手があなたをどのように感じるかを大きく左右する要素です。たとえば、同じ歌詞でも歌い方の違いで、その印象が大きく変わるように、どのような声で話すかによって、あなたの言葉の印象もまったく異なります。声の高さやスピードは、自分で比較的簡単にコントロールできるため、まずは自分の話し方を理解し、適切に調整する意識を持つといいでしょう。これにより、話し方に対する自信も自然と生まれます。

一方で、声質は生まれつきの要素が強いため、簡単には変えられない部分もあります。しかし、呼吸を深くしたり、落ち着いた発声を意識したりすれば、声の印象を改善できます。相手に与える印象を変える余地があるということです。

つぎに、相手の心理に配慮した話し方を目指し、そのためのテクニックをいくつか心得ておくことです。心を開きやすい話し方や、距離感を縮めるアプローチ、信頼を生みやすい話題選びなど、実践的なテクニックが存在しています。これらを使いこなすことを意識するだけでも、会話力は一段と高まります。

くわえて、「聞く」ことも話し方のひとつだと理解しておいてください。聞く力を高めると、第一印象以上に長期的な信頼関係を築くきっかけになります。

これらの要素すべてが、あなたの人となりを示し、また相手に対する尊重の気持ちを伝えます。この2つの目的を意識して声や話し方を磨いてください。

POINT

「自分の人となり」と「尊重の気持ち」を念頭に声や話し方を磨く

81

声に出る「人物」

声には「人物」が出ます。誰もが人の声を聞いた瞬間に、その人の人となりを想像するものです。たとえば、電話の声から「ぶっきらぼう」「冷たい」と相手を感じ悪く思ったことはないでしょうか。普通は表情や動作が声の印象を補っているのですが、声でマイナスイメージを与えている人はけっこういるものです。

声だけでよい人柄を感じさせ、信頼を得ることもできます。「**笑声**《えごえ》」という言葉を聞いたことはありますか？　**アナウンサー、コールセンター勤務の人など、話すプロフェッショナルが持つ、ほがらかで温かみのある声**を指します。聞けばわかると思いますが、耳から入るだけで安心や信頼が感じられるような声です。もし電話で問い合わせした先の担当者がそんな声であれば、安心して相談できそうな気持ちになること、請け合いです。しかし反対に、冷たく思いやりが感じられない声の人に当たったら、どこか不安を覚えるでしょう。

温かみのある声と思いやりのない声、自然に安心や信頼を感じさせる声と感じさせない声、その大きな違いは発声のときに口角が上がっているかどうかです。**口角が上がると、口の中の空間が広がり、ふくよかなよい声が出やすくなります。**そのため、笑顔で声を出すと文字どおり「笑声」になります。ただ、口角を上げるにはいつも笑顔で話しなさい、ということではありません。ポイントは、**笑顔でなくても口角のポジションを上げる**ことです。鏡で見て練習してみてください。

もうひとつの大きな違いは、声帯に締まりがあるかどうかです。この部分は発声練習などでのどを鍛える必要があるところです。しかし、その前に、まず意識を相手の耳に向けてください。自分の声はどう聞こえるか、思いやりや気配りが少しでもこもっているかを気にすることです。意識の持ち方しだいで、声帯の使い方も無意識に変わります。実際、発声練習の経験などないのに「笑声」の人は少なくなく、私の知る限りではそのほとんどが思いやりや気配りに優れた人です。

POINT

声からも信頼を得るために、口角、聞こえ方に意識を向ける

82

すぐ嫌われる「落ち着きがない話し方」

ビジネスにおいては落ち着きのある話し方は、人の信頼を得るには欠かせないものです。落ち着きのある話し方ができる人は自信を感じさせ、理知的な印象も与えるために、相手にとっては人柄についても話す内容にも安心感と説得力が生まれやすいからです。

反対に落ち着きがない話し方は、相手の神経をいたずらに刺激して落ち着かない気分にさせます。スピードが速すぎたり、不明瞭な発声にもなりやすいので、伝えたいことも伝わりません。


落ち着きのある話し方をするにはつぎの3点にまず注意してください。

まずは、**声のスピードと高さの調節**をしてください。

つぎに、**呼吸をコントロール**してください。緊張によって話し方に落ち着きがなくなるときは、呼吸が浅く速い状態になっています。まず深呼吸して呼吸を落ち着かせるようにしましょう。また、パクパクと口だけで呼吸していることが多いので、鼻から息を吸って口から吐く呼吸に切り替えるといいです。

それから、「**間**」**を意識する**ことも重要です。文章のあいだに間を入れずに話すと、一気にたたみかけるような話し方になり、相手は会話する意欲をなくします。相手の様子を見ながら適度な区切りを入れるようにしましょう。

じつは、落ち着きのない話し方の心理的要因のひとつは、自分が話したいことに精いっぱいで相手に向き合うことが今ひとつできていないことです。頭の中にあるものを放出することに集中してしまい、相手の反応を観察したり、相手の話を聞いたりして、考えることを忘れているのです。それを思い出していただけると、先ほど言った「間」もとりやすくなります。相手に伝わっているかどうかをときどき自然に観察するようになるからです。これができれば話し方には落ち着きが出て、信頼が得やすくなります。

POINT

声や呼吸に気をつけるとともに相手の反応に関心を持つ

83

最初にスピードと高さを選ぶ

声や話し方は変えられるのでしょうか。生まれ持ったもともとの声質は変えにくいのですが、そこから受ける印象は改善できます。声や話し方を決める要素の中でも、話すスピードと声の高さは、比較的自分でコントロールしやすい要素です。自分の話し方が気になる人は、まずここから見直してみるといいでしょう。

見直すための簡単な方法は、**声を録音して聞いてみる**ことです。スマホのボイスメモでいいので、録音して聞いてみてください。録音のコツは、普通の会話や、プレゼンテーションをしているときなど、ふだんのシーンにすること。何かを朗読するような声はふだんとは違うものなので、自分の声のクセがわかりにくいからです。

録音したら、自分で聞くだけでなく、上司や同僚などの意見をもらってもいいと思います。

一般的に、高めの声は感情の高ぶりや愛想のよさ、元気さ、若々しさを伝えます。

しかし、高すぎると、感情の高ぶりが強調され、理性的に感じにくくなります。不安定で神経質な印象となりマイナスイメージとなりますので、そこが気になるなら低く声を出すことを意識してください。低くなると落ち着きが出ますが、低すぎる声は暗さや怒りを感じさせることがありますので、そちらも注意しましょう。

スピードが速い話し方は知性が高く有能そうな印象が出ますが、度を超すと非常に聞きづらいものです。不安定さ、神経質などの印象も強くなるので、改善が必要です。遅くすると、落ち着きや安定感が増します。しかし、これも行きすぎると、のんびりと鈍そうな印象になるので、相手をイライラさせかねません。

自分の話すスピードや声の高さはどんな印象になりやすいか検証してみてください。もう少し低いほうがいい、もっとゆっくり話したほうがいい、など改善の方向性がわかったら、日常で意識し始めるだけでも印象が大きく変わります。

POINT

自分の声を録音してスピードと高さを検証してみる

84

ノーマルに始める

第一印象を明るく元気にしようと、あいさつなどのときに普通よりも大きな声を出したり、高く声を張り上げたりしていませんか？　もしそうなら、それはやめてください。信頼されたいのであれば、相手を驚かすよりも、むしろ相手が違和感なく無意識にあなたの存在を受け入れるようにすることです。あいさつや第一声は、ノーマルに普通の発声で始めてください。

明るさは信頼を持たれやすい性質のひとつです。それが人にとって希望的、未来的な連想をさせる雰囲気だからです。しかし、いたずらに大声を出したり、高く張り上げた声を出すと、そのような連想の前に人は単純に驚き、本能的に異質さを感じます。そうすると、どちらかというと好意よりも警戒心が起動する恐れがあるのです。「最初の印象が後々の評価まで影響する」という心理「初頭効果」を覚えていますか？　それを考えると、マイナスにしかなりません。

ノーマルに話し始めても、明るさは伝わります。むしろ、**普通に話して伝わるように、ふだん明るい声や話し方ができているように意識する**ことのほうが大切です。

明るい声や話し方には、前に述べた「笑声」を身につけていただくことがいちばんでしょう。また、冒頭に言った「相手が無意識にあなたの存在を受け入れるようにする」なら、最初は低めの声とややゆっくりのスピードを意識したほうが効果的です。高く、スピードが速い声や話し方は、どちらかというと相手の神経を刺激する確率が高いので、そうならないよう最初は少し抑え目にする感覚です。

なお、低めでゆっくりめの声で話すことは、沈んだ声や小声でボソボソと暗い表情で話すことと同じではないこともしっかりと理解しておいてください。ノーマルに話すときは、ベースの声が笑声で、聞こえやすい音量で、滑舌にメリハリがある声や話し方、そして好意的な表情も欠かせません。

POINT

大きな声や張り上げた声で明るさを演出しようとしない

85

信頼につなげやすいアイスブレイクのコツ

仕事の初対面では、お互いの遠慮で会話も硬くなりがちです。そんな状況を打破する、信頼を育みやすいアイスブレイクの方法があるとすれば何でしょうか。私の経験で言えば、いちばんのアイスブレイクトピックは「会えたことへの感謝」です。

誰でもあいさつとして「今日はお忙しい中お時間をいただき、ありがとうございます」くらいは言うと思います。しかし、それを通りいっぺんのあいさつとして伝えるか、本当の感謝の言葉として伝えるかは、相手の心理への影響に大きな違いがあります。相手への感謝を効果的なアイスブレイクにするには、2つのポイントがあります。

ポイントの1つめは、**実際に心から感謝しているること**。そうしなければ、言葉に真実味が出ません。

2つめは、**なぜ、どんなふうに感謝しているかを表現できる**こと。一見難しく思えるかもしれませんが、「メールでお打ち合わせしてから、実際にお話しできるのを楽しみにしていました」、「非常にお忙しいと伺っていたので、まさかお時間がいただけるとは思っていませんでした」、など状況がわかれば十分だと思います。

仕事だから会えて当たり前とせず、相手の時間やエネルギーをとても貴重なこととととらえる、それが相手への敬意として自然に伝わります。そして、それは自然に相手からの信頼となって返ってきます。実際、心理学の研究には、人は自分が尊重されていると感じると、その相手を信頼しやすくなるというデータがあります。

また、本気の感謝の気持ちを伝えるのは、相手への心理的効果だけでなく、自分自身にもよい効果をもたらします。アメリカの心理学者ロバート・エモンズは感謝という行為によって、脳内に分泌される不安物質の減少やリラックスの効果があることを提唱しました。感謝の効用を覚えておいてください。初対面の緊張を和らげ、自分のメンタルもアイスブレイクさせてくれますよ。

POINT

会えたことに本気で感謝し、それを伝えることが強力なアイスブレイクになる

86

初対面から距離感を近づける話題の選び方

初対面からなるべく早く距離感を近づけたいが、適切な話題選びにいつも困るという人はいますか。じつは最初に使える、ちょっとしたテクニックがあります。これを知っておけば、それほど話題に悩むことはありません。

このちょっとしたテクニックは通称「**YESセット**」と言います。これは、**相手が「YES（はい、そうです）」と答えやすい質問を3個ほど組み合わせて相手に話しかける方法**です。質問は何でもいいですが、誰が見ても「そうです」と答えられるような簡単なものにします。また、あまり間を置かずに、関連した話題で話しましょう。たとえば、非常に気温が高い日であれば、「本当に暑いですね」「体力維持が大変ですよね」「外に出るだけでぐったりですよね」、とこんな感じです。こう話しかけると、相手は、「そうですよね」「まったくですね」「本当ですね」などと、適度なあいづちを返してくると思いますが、それらはすべて先の質問に同意しているものであるはずです。「YESセット」は相手が自分の言うことに同意しやすい雰囲気を自然にそして早期につくり上げます。それが距離感を縮めるのに効果的なのです。

このテクニックの背景にあるのは、心理学で言われる「**一貫性の原則**」で、人間は一度自分でした判断や評価、態度に従い、その後も一貫性を持たせようという意識が自然に働くというものです。会話でも、最初数回連続して相手の言うことに同意すると、その自分と矛盾しないように、自然に初対面にありがちな警戒心はやわらぎ、親しみを感じる気持ちが強くなる、ということです。

本当にちょっとしたことですが、相手が無意識に心を開きやすくなります。距離感を縮めるのには、「何かいい話題を」と変に探すよりも、こちらのほうが重要なプロセスなのです。

POINT

「YESセット」で相手との距離感を縮める

87

共通点を探せ

人間はほかの人間といるとき、自分とその人間の似たところを見つけると、無意識に安心し、親しみを覚えやすくなります。この傾向をふまえて、知り合ったばかりの人と話をするときにはお互いの共通点探しをしながらにすると、距離感を縮めるのに役立ち、またそこはかとない信頼感も獲得できます。

これは社会心理学で「**類似性の法則**」と呼ばれる現象です。人は自分と似た人間に安心し、親近感を抱き、信頼もしやすくなる傾向があるのです。この傾向は、多くの研究で明らかにされていて、チャルディーニが著した『影響力の武器』では一項目設けてあるくらいです。

ただし、相手と共通の何かを性急に探すよりは、「ＹＥＳセット」を使って話がしやすくなってからにしたほうが効果が出やすいです。お互いの会話の中で「ここが似ている」と感じることがあれば、「へえ、それは私も同じです」「似ていますね」と話題にしてみてください。たとえば、大学や専攻、スポーツなどの趣味、名前の中の1字が一緒だ、などの小さなことさえ、共通点になり得ます。

相手から「本当ですね」「同じですね」などのあいづちが返ってくれば、その話題が続きますし、ほかの共通点の話題にも広がりやすくなります。そうして話していれば、あなたに対する印象は親しみや好意の気持ちで彩られてくるはずです。

いったん、その話題が終わったら、また共通点探しをする必要はありません。共通点の話題に固執しすぎると、今度は相手が思うよりも距離感を縮めすぎてしまったり、うっかりと触れてはいけない相手のプライバシーにまで踏み込んでしまう可能性もあります。一度「共通点がある」と少しでもお互いが認識できればもういいのです。人間は他者に対して「同じような立場」「同じような環境」「同じような考え方」を感じると、親和性を感じ、コミュニケーションに協力的になります。そこから、その後の関係性を築きやすくなるはずです。

POINT

少し話しやすくなったら共通点を見つけて関係性を深めよう

88

共通の知人の話題は盛り上がるとは限らない

共通の話題を見つけることは、相手との距離を縮めたいときにとても有効だとお伝えしました。お互い共通の知人もいるかもしれません。今は横のつながりもけっこう多いので、「あの人、私も知っています」ということも意外とよくあるかもしれません。ただ、ここで少し注意をしたいことがあります。それは、**人の関係性はいろいろ**だということです。

もし、「共通の知人」ではないかと思いついても、すぐ楽しい話になるかどうかはわかりません。相手がその人をどうとらえているかわからないうちに性急に「あなたもご存じなんですね！」と勢いで話を進めるのは危険です。話を盛り上げようとしたら、逆に白けてしまった、というケースもじつはあるのです。

たとえば、相手はその人の名前くらいは知っているが、人物についてはあまり知らず、親近感を持っていなかったというケースです。「名前は存じているのですが、あまり話したことはなくて。すみません」などと申しわけながらせてしまって、話が続かなくなったそうです。

また、相手も自分と同じようにその人に好感を持っていると思い込んで「○○さんをご存じですか？　私はすごくお世話になって、いつもよくしていただいています！」と話を向けたら、「ああ、○○さん、そうですね」と、無表情な反応で、そこで話が終わってしまったというケースもあります。これは、そのときちょうど関係性がよくなかったか、あまりよくない感情を持っていたことが考えられますが、やはり話が続けにくくなったことは容易に想像できます。

こんなときには、名前を出したときの相手の表情や視線など、言葉ではない部分をよく見てから、話を続けたほうがいいでしょう。笑顔を浮かべたり、目を上げて視線を合わせてくるような肯定的な反応であれば、期待どおり話が盛り上がる可能性大です。

POINT

人の話題を出すときは、関係性を見極めて

89

コンセンサスをとりながら話す

信頼関係を築くうえで欠かせないのは相手を尊重することです。身だしなみや服装、節度のある振る舞いはもちろんですが、ちょっとした話し方にも意識しておきたいポイントがあります。とくに大事なのは、**コンセンサス（合意）をとりながら話をしていく**ことです。

まずはお礼から入りましょう。初対面では、「お時間をとっていただき、ありがとうございます」などの言葉で感謝の気持ちを伝えます。相手の時間を貴重と考えていることが伝わります。「お会いできてうれしいです」と喜びを伝えれば、会えたことに喜びを感じていることが伝わります。相手は自分に価値を感じてもらっていること、尊重されていることが自然にわかるのです。

最初のコンセンサスは「**目的**」です。「今日は○○についてお話しするのを楽しみにしておりました」。相手が同意すればそのままでいいですし、相手から「△△も」などほかの提案があっても、これでこの日の目的はお互い確認できます。

つぎは「**進行**」です。どのように話を進めるかについて決めておけば安心です。これは簡単な提案をすればいいでしょう。たとえば「まず私からいったん○○の説明をして、感じたことやご質問を何でもお聞きする進め方でいかがでしょうか」という感じです。これも相手がほかの提案をしてくれれば都度対応すればいいのです。

このようにコンセンサスをとりながら話をすると、尊重の気持ちが伝わるだけでなく、話す流れがスムーズになります。また、協調して共通の目的に向かう場が形成され、相手にとっては安心できる雰囲気になります。それが自然に信頼を生み、強化していくのです。ただし、緊張した言い方では協調の雰囲気は出ません。リラックスした雰囲気でさりげなくコンセンサスをとっていってください。

POINT

コンセンサスをとりながら話を進める

90

「話す」ことよりも「聞く」ことを意識する

少し前まではコミュニケーションというと「どう話すか」「何を話すか」などの話し方ばかりにフォーカスされていましたが、現在は受信能力も非常に重要な要素であることが認識されるようになってきました。「聞く」ことがうまくできると、「話す（伝えたいことを伝える）」ことも同じくらいうまくいき、コミュニケーションで信頼関係を築きやすくなるのです。「聞く」意識とスキルを高めましょう。

「**コップ理論**」と言われるものがあります。人が言いたいことでいっぱいになっているときはコップに水があふれているような状態なので、ほかの人間からの言葉は頭に入りにくく、それを先に減らしてから新しい水（自分が伝えたいこと）を注ぎ込もう、というたとえです。

商談、とくに営業で人に会うときに、とにかくアピールしようと流ちょうなセールストークを先に繰り出す人がいますが、それはあまり効果的とは言えません。

人はだれしも「**自己重要感**」を持っています。これは「自分が大切に思われること、認められること」を求める自然な心理的欲求ですが、その欲求に応えてくれる相手には信頼を感じやすいのです。相手の話を聞くことは、この欲求に応えることです。また、話の内容を聞いてから質問や提案を行うことができると、発展的な場になり、相手はあなたにさらに信頼感を覚えるでしょう。

また、相手の話をよく聞くことで、相手がよい情報を提供してくれたり、あなたの話をしっかり聞いてくれる可能性があります。これはよく「返報性の原則」で説明されます。人間の心理には「返報性の原則」があり、他人が先に見返りなしに何かをしてくれると、その好意を何か自分の好意で返そうとする傾向があるというものです。

ただし、ここで言った効果を期待するなら、聞くだけでなく「聞くスキル」が必要です。それは、相手の話に関心があり、興味深い内容と感じていることを態度に表すことです。そうして相手の話す意欲を引き出してこそ、聞く意味があるのです。

POINT

相手の話を聞く意識とスキルで信頼感を高める

91

表情で返事する意識を持つ

「非言語コミュニケーション」について前にお話ししました。人間同士のコミュニケーションは言語による割合は10％もなく、あとの90％は非言語メッセージによるものだとわかっています。伝える要素は表情、視線、手足の動きなど人の体の多くの部分で、服装もそのうちのひとつに数えられます。この章では言葉だけでなく、声と話し方も重要と伝えてきましたが、それに加えてひとつ、とても重要なポイントがあります。それは話すことと表情が一致していることです。

「ありがとうございます」「お世話になります」「お会いできてうれしいです」こんな美しい言葉を口にするときに、表情も同じように輝いているでしょうか。「わかりました」「いいですね、その方向で行かせてください」と意欲的な返事に表情もいきいきとついていっているでしょうか。「はい」と言った言葉に「いいえ」と言っている表情がくっついていないでしょうか。

じつは、人間は生まれたときから非言語によるコミュニケーションを無意識に学習し、習得します。12歳ごろまでに周囲が持つ非言語メッセージのほとんどを習得しているという調査結果も出ています。その結果、**人間は「言語メッセージ」と「非言語メッセージ」が矛盾する場合は、圧倒的に非言語メッセージを信じる傾向にあります。**

とくに「表情」は非言語コミュニケーションの中でも非常に重要と言われています。なぜなら、ほとんどの人間が普通、コミュニケーションにさいして見るのは人の顔だからです。「ビジネスでの成功の90％がコミュニケーション能力である」と有名なビジネスコンサルタントであるブライアン・トレーシーは言いましたが、さらにそのかなり大きな割合を表情が占めていることになります。

距離感を縮め、信頼感を得やすいテクニックをいくつ知っていても、口にしている言葉と表情が一致しなければ、効果は半分どころかゼロに近くなります。ぜひ、表情で返事をしている意識を持ってご自身の表情の表現力を高めてください。

POINT

言葉と表情が一致するよう表現力を高める

92

「うなずき」「あいづち」で相手を話しやすくする

「聞き上手」と呼ばれる人はどんな人か、ご存じですか？　聞き上手は「質問」や「要約」などの優れたスキルを持っていますが、最も基本的で重要なスキルは、「うなずき」と「あいづち」が適切にできることです。つまり「反応力」が高いのです。

人間の脳はコミュニケーションのときに、相手や周囲の反応を無意識に受信し、脳が活性化することで発信するようにできているそうです。

ですから、相手の話に納得したようにうなずいたり、「ほー」と感心したようなため息をもらしたり、「へえ」「そうなんですね」と**あいづちを返すことは、相手の脳を活性化**させ、話す意欲を高めます。それにまた反応を返すことで、相手はどんどん話せるようになります。「たくさん話を聞いてもらった」と話し手の満足感が高くなります。「**うなずき**」や「**あいづち**」**は聞き上手が持つパワフルな基本テクニック**なのです。

逆に、相手や周囲の反応がわからなければ、脳は活性化せず、発信もしにくくなって、最後には言葉に詰まるパターンになります。以前、会話がすぐ終わる、うまく続かないとコミュニケーションに悩みを持つ経営者からご相談を受けたことがありましたが、原因はすぐわかりました。会話でうなずきやあいづちをするどころか、表情も変わらない人だったのです。本人に悪気はなく、相手の話を真剣に聞いていただけでした。それがいちばん大事なことだと思い込んでいたのです。そして、それが相手の心を閉ざし、話す意欲を奪っていたことに気がつかなかったのです。

注目すべきは、こういった理屈がわかっている私でも、その方と話している最中に言葉がなかなか出てこなくなったことです。こういった「反応」の有無が、いかに人間の深層心理に影響するか、あらためて知りました。

「うなずき」「あいづち」は、相手の脳にとっては、エネルギー補給なのです。こういった基本スキルを身につけてこそ、コミュニケーション力が高くなります。

POINT

適切なうなずきやあいづちで、相手の話す意欲を高める

93

会話中に相手の名前を呼ぶ

一流のエグゼクティブは、相手が心地よく感じるコミュニケーションが得意ですが、とくに感じ入ったのは「**会話の中で効果的に相手の名前を呼びかける**」というものです。誰にとっても自分の名前は注意をひくものです。名前を呼ぶことで、知り合って間もない会話の中にも親しみを感じさせる効果があり、相手との心理的距離を縮めます。また、信頼感を得るような心理的効果もあるのです。

「お目にかかれてうれしいです」「今日はこのことについてお聞きしたいのですが」これらのセリフの始めにあなたの名前を入れて、誰かから話しかけられたところを想像してみてください。印象的に感じませんか？

名前を呼ばれると、どこか特別感を覚えるのは、**名前を呼ぶことは、相手の人格を認めるサインになる**からです。これは人が持つ「自分を重要な人として扱ってほしい」という自然な欲求に応え、その人を尊重していることを示すサインでもあります。

人間心理には「返報性の原則」があり、これは相手から何かを受け取ったら、そのお返しをしたい欲求が自然に生まれる傾向を言います。尊重されたら、自分もまた相手を尊重の気持ちで見るようになるのは自然なことです。それが、好意や信頼感につながります。

名前を呼ばれると、呼ばれないよりは自分に対する関心を感じ、これも自動的に協力的でオープンになりやすい効果がありますので、信頼関係をより築きやすいでしょう。高質なカスタマーサービスでは、当たり前のようにお客様の名前をできるだけコールするようにしているところもあります。

ただし、名前を呼ぶさいには、頻度やタイミングに注意が必要です。名前を呼びすぎると、逆にわざとらしく感じさせたりして、不快感を与える可能性もあるため、自然な流れで使ってください。

POINT

名前を呼ぶことで相手を尊重している気持ちを伝えて信頼を得る

94

しゃべりすぎにご注意

人との距離を縮め信頼されたいとき、まず自分から自己開示する方法はコミュニケーションでよく知られていると前述しましたが、これをちょっと勘違いして、一方的に自分のことを話すだけになってしまうと、いつの間にか自分語りの自慢話になってしまいます。それではかえって相手を遠ざける元です。そんな話し方にならないよう、気をつけるポイントをお伝えします。

ほとんどの人は自分の話をするのが好きなものです。それ自体は悪いことではありませんが、問題は、自分の話に夢中になると、相手が話し出すタイミングを見逃しがちになることです。

会話の中で**人が相手の話を集中して聞ける時間は30秒〜1分程度**とする研究があります。よいコミュニケーションをとろうとするなら、それくらいの間しゃべったら、相手と交代する意識を持っておきましょう。**自分の話に「〇〇さんはいかがですか?」と相**

手に話を向けるための質問を組み合わせてセットとして考えておくと、自分だけしゃべりすぎるのを防げます。

相手の反応に敏感になることも大事です。話している最中こそ相手に注意を払い、相手の非言語的なシグナルを見逃さないようにしましょう。人が話したいと思うときは、目が決意したように見返してきたり、言葉を発する準備として息を吸い込む様子を見せます。気づいたら、いったん自分の言葉を切って、ゆずってください。

自分の話が自慢話のようになっていると感じたら、「自慢みたいになりましたね、申しわけありません」と率直に詫びてしまうのもひとつの方法です。いわゆるクッション言葉ですが、相手が感じるであろうことを汲み取って言葉にすることによって、相手の内心の不満もやわらぎ、会話を続けやすくなります。

これらのポイントは、客観的な姿勢でいることを助け、おしゃべりしすぎを防止します。ぜひ試してみてください。

POINT

相手が話し出すタイミングを見逃さないよう工夫する

95

相談しやすい雰囲気をつくる

買うつもりもなくふらりと入ったショップで出会った店員さんが感じがよくて、いつの間にかいろいろ相談してしまった、という経験はありませんか？　相談しやすい雰囲気をうまくつくれる人がいます。もちろん、もともと思いやりがある人なのでしょうが、その思いやりをうまく伝えてこちらを安心させてくれるテクニックも持っています。テクニック自体は難しくないので覚えておいてください。

その簡単なテクニックは「**相手が言うことを認める**」ということです。たとえば、「まさに、おっしゃるとおりですね」とか「それ、絶対ありますよね」など、相手が言うことが正しいと自分も思う、ということをしっかり伝えることです。

たとえば、先に言ったショップの店員さんの場合は、こちらが「こんなものがほしいな」と言ったことを受けて、「あー、そういうのがあるとすごく便利ですよね！」「ほしくなっちゃいますよね！」としっかり同意してくれたりします。「相手の言うことを認める、同意する」というのは、相手の心を開くための心理的テクニックとして、できる販売員や営業担当は使いこなしています。

人はだれしも「自己重要感」を持っていて、「自分が大切に思われること、認められること」を求める自然な心理的欲求がある、と前のほうで説明しました。相手の話をしっかり聞くことに加えて、「あなたの言うことはもっともだ」と折に触れて伝えることで、相手の心理に満足感が生まれますが、それだけでなく「この人は私のことをわかってくれている」という安心も生まれやすいのです。その流れに従い、適切な同意、質問、同意と繰り返していくうちに、相談しやすい雰囲気はおのずとできあがってきます。先のショップ店員の例で言えば、「そういうものは置いてますか？」「これについても聞いていい？」と自然に相談の場になります。もちろん、相手の目を見て笑顔できちんと話を聞けることが前提です。

POINT

相手の言うことを認め、同意していることを言葉と聞き方で表現する

96

メタファで奥行きを出す

会話の中で何かを説明するときに、**メタファ（比喩）を使うと、聞いている人の腑に落ちやすい**と言われます。メタファを使うと、会話だけでなく、プレゼンなどでも単にデータや事実を羅列するより話に奥行きが出て聞き手の心を動かします。

たとえば、「東京ドーム○個分」は面積の大きさを伝えるときのポピュラーなメタファです。メタファをうまく使えば、実感を持ちにくいものでも、具体的なイメージを伝えやすくなります。

「この問題の根深さは、氷山の一角どころか、ほぼ隠れていることですよ」という言葉に「なるほど〝ここに氷山がある〟と知らせることからだ」と誰かが応えれば、それだけで問題の性質から、方向性までイメージが共有できていることになりますね。物事を具体的なビジュアルで想像しやすくするのもメタファの効用です。

物事のビジュアル化だけではなく、共感を得やすくするのもメタファです。誰もが知ることわざや有名人を例に使うことで、ただ説明を聞くより想像しやすくなります。たとえば、「木を見て森を見ず、は避けたい」（細部にとらわれて全体像を見失わないようにしたい）」、「スティーブ・ジョブズがやってたようなプレゼンスタイル（大スクリーンの前で話者が全身でアクティブに説明するスタイル）」という感じです。このような表現をするさいには、一方で何を説明しているかしっかり考えておいてください。万が一伝わらずに聞き返されても説明を補足できます。

メタファは心理学的に、相手の意識に入りやすい説明の仕方とされます。言語情報よりイメージのほうが話の構造として頭に入りやすいからだそうです。確かに、メタファが上手な人の話は面白いだけでなく、どこか頭に残りやすく感じます。そんなメタファの達人に聞くと、「これを何かにたとえたらどうなるか？」「これを表すことわざはあるだろうか？」など日ごろからアンテナを立てておけば実力を磨きやすくなるそうです。

POINT

メタファを使って相手の心を動かしやすくしよう

97

気弱なことを口にしない

前のほうで自分の弱点、苦手な部分をうまく先に伝えておくと、むしろ信頼を得やすくなるとお話ししましたが、それは自分のネガティブな点をやたらと口にすることとは違いますので、そこは間違わないでください。間違うと、信頼を得るどころか、逆に周囲から敬遠されてしまう可能性もあります。

自分の弱点を認めつつも、それに対する前向きな姿勢を示すことで、信頼を築くことはできます。このように、自分の問題点や課題を明確にし、建設的な対策を提示することとは、相手に「この人は誠実で、問題解決に向けて取り組む姿勢がある」と感じさせるからです。

一方で、「自分はここがだめ」「どうも自分はこういう欠点があって」といった**消極的な自己否定を繰り返すのはマイナス以外の何物でもありません。**たとえば、「気が弱いので」「礼儀知らずで」「人見知りで」などどこか自虐的な言葉は、一回でも言うべきではありません。言う本人は「どうしようもない」といった軽い愚痴のつもりかもしれないし、何かができないことに対する自分なりの言い訳かもしれませんが、どちらにしても聞くほうは何のメリットもないからです。

どのようなつもりで言っていても、聞くほうからすれば心理的に負担です。意識が高い相手なら「問題だと考えるなら変えればいいのに」と思うだけのことです。また「この人には前向きに物事を進める力がない」と感じるかもしれません。これは相手の理性での話です。同じときに相手の無意識下では、ただ不快感を感じ始めているでしょう。ネガティブな言葉は、それが誰に対するものであっても、潜在意識の領域では純粋な不快感を起こさせるからです。

「自分はここがだめ」と思うのは本人の自由です。しかし、他人に伝えても、仕事面でそれで何かを許してもらえるということはなく、自分のメリットもないことを知っておいてください。

POINT

消極的な自己否定は相手にも自分にも何ももたらさない

98

ポジティブな印象で信頼を得る質問の仕方

「人を判断するならその答えよりもする質問でしなさい」という名言があります。質問はビジネス力が出るところでもあり、質問の仕方ひとつでも相手に与える印象は大きく変わります。**質問は相手の脳を無条件に活性化させると言われ、質問力は非常に重要なビジネススキル**です。ここでは「相手に与える印象」の視点から質問の仕方のポイントを考えます。

まず事前に相手側についてしっかり知っておくことは重要ですよね。「調べればすぐわかるはずだけど」と思わせるような単純な質問にならないよう注意が必要です。

信頼でのポイントとなるのは、**相手の話をしっかり聞いて、内容を踏まえた質問をすること**です。相手に「話をよく聞いている」「理解しようとしている」という印象を与えます。聞いたことに反応する、このプロセス自体が信頼関係を築く土台となります。ひとしきり聞いたあとに「質問をいくつかよろしいですか？」と断ってから、明るい態度で質問をしていってください。このとき表情が暗かったりすると、納得できていない態度に見え、相手をいたずらに委縮させたり、反感を感じさせたりする原因になるからです。また、原則として相手が話している途中での質問はタブーです。話の流れをさえぎったり、相手の意図を正確に把握できなかったりして、これもネガティブな印象を与える原因となります。

つぎに、**質問の内容自体がポジティブであることも重要**です。そのため、「過去質問」と「現在質問」、「未来質問」のバランスを取ってください。たとえば、「この状況になった理由は何でしょうか？」は過去を問う質問です。過去を問うのは、理由や原因を探るために大切ですが、それに終始していると会話全体が発展的になりません。「今は何か違う方法をとっているのですか」と現在についての質問、「今後はどんなふうにお考えですか？」と未来についての質問を組み合わせて聞いていくと、相手に対する前向きな関心や建設的な対話の姿勢を示すことができます。相手が安心してアイデアや意見を共有しやすい雰囲気がつくりやすくなります。

POINT

話を聞いていることが相手に伝わる前向きな質問をする

99

「迂回話法」はやめておく

質問を受けたときの「迂回話法《うかい》」はやめてください。私が勝手につくった言葉ですが、「結論から遠回りする話し方」のことです。たとえば、質問されて、その回答をしないまま状況説明で終わってしまったり、話しているうちに何が言いたいか自分でも最後までわからなかったりすることはありませんか？　これははっきり言って嫌われる話し方であり、話も前に進みません。注意するポイントを考えてみましょう。

迂回話法のようになってしまう人は、たとえば「AプランとBプランのうち、今候補と考えているのはどちらですか？」と聞かれたことに対して、AかBかをはっきり回答しないまま、現在感じている気持ちや状況などから始まり、結論に至るまでを時間をかけて話すような回答になりがちです。最終的にAかBかの結論が出てくれば、まだよいのですが、たまに結論までいかずに、話を締めくくる人もいます。これでは話の内容が不明瞭になりがちで、時間をムダに使うことにもなります。質問をした相手もイライラを感じてしまうでしょう。理想は「Aです」と**結論を言ってから、その理由や状況説明に移る**こと。明確で論理的な話し方になり、信頼されやすくなります。

エグゼクティブプレゼンスのトレーニングを申し込んでくる人は、「頼りなく見られてしまう」悩みを持つ人も多いのですが、そのような人は多い割合で、この迂回話法になる人です。あなたも、一度自分の話し方を見直してみてください。ほとんどが自分では気づかず、指摘されてはじめて気づく人が多く感じます。これは、自分に自信がないため、明言することを無意識的に抑制する傾向が出るからだと思われます。自分で気がついたら、早めにそのような傾向は解消してしまいましょう。

解消方法の基本は、自分の仕事に対してしっかり責任を持ち自信を高めることですが、何かを聞かれたら「自分の結論は〇〇」と意識的に考えるようにしてください。また、「結論を言ったかどうか」を話終わりに自分で確認するクセをつけてください。簡単な意識づけですが、意外と効果的です。

POINT

自分の結論を意識し、明確で論理的な話し方・答え方をする

100

「上手な断り方」を覚える

ビジネスの現場では、すべての依頼に応じることは現実的に難しいことがあります。そんなときに、嫌われたくないと断ることに躊躇《ちゅうちょ》してはいけません。無理をした結果、信頼を損なう可能性もあるからです。ただ「NO」と拒否されることに対して人間の感情はどうしてもネガティブな反応をします。そこで重要なのは、断るさいに相手の反感を招かず、むしろ信頼を深めるための話し方や言葉の選び方ができるように話し方を磨くことです。

「**アサーティブネス**」と言われる、相手の意見や感情を尊重しながらも、自分の意見や立場をしっかりと表明するコミュニケーションスキルがあります。

たとえば、「NO」を表明するときに「それは無理です」と困った表情で言うだけでは相手は不満に感じるだけです。またあいまいに結論をぼかしても、相手をイライラさせるばかりです。相手への感謝と配慮をにじませながらも「ご期待に添いたいのですが、◯

◯の点で難しいのです。申しわけありません」と結論をしっかり伝えることが重要です。

相手が何か申し出をしてくるのは、こちらへの関心や頼りたい気持ちを持ってくれている証拠です。それに対する感謝と尊重の気持ちを忘れないようにすれば、相手からの信頼は損なわれません。それを表情などの態度に表してください。相手の目をきちんと見ます。笑う必要はありませんが、口角は上げてしっかりとした発声で話しましょう。そのような表情や態度が誠実さを伝えます。

そして肝心であるのは率直さです。「NO」と結論づけたのであれば、その理由ははっきりしているはずですので、それを正直に伝えます。ただし、相手が納得できるよう配慮します。それには「相手の言うことが無理」と相手のせいにするのではなく、「自分側の力不足で残念」という論調での説明を考えましょう。

「できないものはできない」自分の主張はしっかりしながらも、相手の意見や感情にしっかりチャンネルを合わせるのが上手な断り方のコツです。

POINT

自分の意見を主張しつつ、相手の意見や感情にチャンネルを合わせる

101

初対面でのスムーズな別れのあいさつの仕方

初対面で人と会うときは、最初も気をつかいますが、別れのあいさつをどう切り出そうか迷うことがあります。別れぎわに必要な振る舞いはあるか、スムーズで好印象な別れのあいさつは、など初対面時の別れぎわのポイントをいくつか紹介します。

もちろん、いちばん大事なのはタイミングを見極めることです。あらかじめ予定していた内容を話すことができたら、ダラダラと居座るのではなく、**適切なタイミングで切り上げる**ことを念頭に置いておきます。

相手にいったん区切りの時間であることを自然に伝えると、話を進めやすくなります。たとえば、もともと何かの打ち合わせをする目的で会ったのであれば「今日、お打ち合わせしたかった内容はおかげさまで十分お話しすることができました。ありがとうございます」という言葉になります。また、顔合わせのように懇親する内容であったなら「今日は本当に実のある時間をいただき、ありがとうございました。これほど勉強になることをいろいろお聞きできるとは思いませんでした」といった言葉です。いずれにしても、相手の貴重な時間をもらったおかげで、大変ありがたかった気持ちを伝えるようにします。

ここで別れをスムーズにするには、ゆっくりと身の回りのものをまとめて立ち上がることです。こちらが、立ち上がると、それにつられて相手も自然に立ち上がります。性急にするといかにも急いでいる様子になるので、動きにはゆとりをもたせましょう。

つぎの段階について確認をします。すでにある程度話ができているなら、「では○月○日までに資料をお送りします」「次回は○月○日にオンラインで」など、アクションの確認をします。日時や数字の確認はことさら意識してください。

最後にお礼を言って別れるわけですが、初対面のときは、とくに相手に対する表情や態度に最後まで気をつけてください。相手はよく見ています。たとえば**別れたとたんに笑顔が消えたりしたら、最後の印象が悪く残る場合があります。**

POINT

貴重な時間への感謝を伝え、最後まで気を抜かない

102

クレームなどネガティブな初対面のポイント

通常の出会いではなく、クレーム処理の担当となって、先方と初めて会うケースがあるかもしれません。その場合は悪い印象からのスタートで、信頼を得ることは無理そうですが、取り組み方しだいでは、あらためて信頼を得る道は残されています。

最初に確認しておきたいのは、現担当者にクレームの原因がないことはわかっていても、もし相手がすでに怒りや嫌悪などネガティブな感情を抱えていれば、そのホコ先はやはり現担当者だということです。この段階で**最もダメな行為は、言い訳や弁解**です。たとえば、前任者も悪意はなかった、たまたまだった、などの説明は相手のネガティブな感情の解消には何ら役に立たず、かえって火に油を注ぐ行為です。それは責任を感じていないことを相手に伝える行為だからです。また、前任者や自分がいる企業のいたずらな批判も厳禁です。その企業の一員という立場で来ながら、その企業や仲間に対する批判をするのは、立場を理解しない無責任さを感じさせるからです。

まず集中すべきは、ネガティブ感情の緩和です。そのため、**真摯な姿勢で真剣に謝罪すること、それが言葉だけでなく態度でも伝わるようにする**ことです。前のほうで表情やお辞儀などについてお話ししたのは伊達ではありません。言葉以外でも謝罪の気持ちが伝わるようにしないと、信頼は簡単に取り戻せません。

そのうえで、「私がこれから担当させていただきます」と明確に自分がその問題に責任を持つことを宣言することです。問題の解決までどう進めていきたいかを、相手のコンセンサスを得ながら一緒に考える姿勢を見せてください。寄り添い、共感する姿勢が、相手に安心や解決までの希望を感じさせます。同時に重要となるのはヒアリングです。引き継いだ伝聞の報告ではなく、事実を冷静に把握しておくことです。そうでなければ解決策は提示できません。

私の体験ですが、このようにすると、相手は手ごたえを感じ、かえって強い信頼を寄せてもらえることが往々にしてあります。

POINT

クレームには責任感を示し真摯に対応することでかえって信頼される

COLUMN

スピーチで信頼を勝ち取るには？

初めてのクライアントなどの前でスピーチをする場面で、信頼という点では何に気をつければいいでしょうか。

ポイントは、自信を自然に感じさせ、理路整然とした話し方をすることです。

自信がある様子にするには、歩き方、姿勢、口角をしっかり磨いておいてください。何よりここで最初の評価が決まるのですから。もうひとつ、「私なんか」「話は苦手ですが」など、ことさらに自分を卑下するようなことを口にしないこと。卑下の言葉の代わりに、話す機会をもらったことへの感謝の言葉を述べることです。自分を卑下する様子と、堂々と感謝する様子では、人に与える印象が全然違います。

理路整然とした話し方としては、エグゼクティブがよく使うSDSという話法を覚えておきましょう。これは「Summary（概要）、Detail（詳細）、Summary（まとめ）」の略です。つまり話す内容を簡単に紹介し、つぎにそのくわしい中身を話し、「以上、こういうことについてお話ししました」というふうに締める話し方です。わかりやすい話の展開の仕方としてプレゼンの基本とされる話法であり、名手によるプレゼンでも、よく使われます。覚えておくと、会議などプレゼンやスピーチ以外の場面でも役立ちますよ。

第8章

つかんだ信頼を離さない

103

相手を一瞬でつかみ、ずっと働きかけられる人が持つもの

第一印象で相手をつかみ、また長期間、人に対して働きかけることができる資質は、明るさと明確さです。これはリーダーの資質とも言えます。**「明るさ」と「明確さ」はぱっと見てよく見えるだけでなく、説得力や影響力の一部であり、何かにつけ頼りにされたり、慕われたりする要素でもあります。**

人が人を惹きつけるのは、健康そうに見える姿勢や豊かな表情など、生物としての本能が健全さや健康さを感じる要素と前述しましたが、それら同様に私たちの本能を惹きつけるのが、明るさと明確さです。

ただし、**「明るさ」とは、前向きで未来への方向性を感じさせる力**です。はしゃいでいてにぎやかという意味ではありません。たとえば、八方塞《はっぽうふさ》がりな案件に「どうしたってダメだ」とあきらめるのではなく、「どうやったら少しでもプラスの方向へ持っていけるか」「何か代わりの方法はないか」と打開する可能性にフォーカスできるようなマインド

の人です。

もうひとつの「**明確さ**」**とは、自分の考えや状況をしっかりと理解し、それを相手に伝えられる力**です。この自己理解のプロセスは、初対面での印象にも、長期的な信頼関係の維持にも欠かせません。自分自身を理解できていないと、自信を持つことが難しく、言動が不安定になり、結果として責任感も薄れてしまいます。そうした不安定さは信頼を得にくいものです。一方、明確に自分の意見や状況を言い表せる人は、誠実さや未来への方向性を感じさせます。たとえば状況が不確かであっても、自分の中の確信を探りやすく、「今日はお答えしかねますが、2、3日中に答えを出します」といった明らかな物言いができるのです。このようなところが相手に安心感と信頼を与えます。

明るさと明確さがある方向へ自分の言動を動かしてください。第一印象だけでなく長い期間においても信頼を得やすくなります。

POINT

明るさと明確さがある方向へ自分の言動を動かす

104

コミットメントの感覚を持つ

「コミットメント」はビジネスに不可欠の概念です。意味は、一定の結果への責任や約束を指します。某トレーニングジムのCMにあった「結果にコミット」するだけではなく、**自ら期限や目標を設け、それに対応する行動や結果を能動的に決めていく「仕事への取り組み方」を含んだ概念**です。このコミットメントの感覚を持つ人は、長く信頼されます。

ビジネスでは納品からちょっとしたアポイントメントまで、日常的に多くの種類の約束事があります。まさに大きなことから小さなことまでさまざまですが、コミットメント感覚が備わっている人は、常にそれらに自分が取り組むべき責任を感じ、自ら必要なアクションを取ります。つまり、内容や日時を積極的に確認し、約束をしたことを相互確認し、細部についても質問をするなど、約束をしっかりしたものにしようとします。また、「これに関する情報を○日までに連絡しないと、相手が困るかもしれないな」など、自分ができるアクションを考えようとします。終始、能動的で責任感が感じられるので、地道ながら堅牢《けんろう》な信頼が積み重なっていきます。
対して、コミットメント感覚が薄いと、反対に仕事の確認を先方に言われてはじめてするなど、言われたことしかせず、受動的です。また期日など日時に関する意識も希薄なところが見受けられます。こちらは相手や周囲に少しずつですが不満を持たれやすいと言えます。長期にわたって信頼を得るのはどちらか明らかでしょう。日ごろからコミットメント感覚を大事にしてください。

コミットメントの重要なポイントは、小さなことでも「約束をする」という感覚と「約束を守る」という感覚の両方をしっかりと意識することにあります。もちろん、過大な業務など簡単に約束できない場合は、「考えさせてください」と伝えられるのも、コミットメントです。しかし、その場合は「○月○日まで」と言い添えておくと、相手は安心して待つことができるでしょう。

POINT

コミットメントの感覚が堅牢な信頼を形成する

105

他人や他社を悪く言わない

他人や他社をけなすことで相手をほめようとする人がいます。たとえば、「○○社は遅れていますが、御社は進んでますね」といった言葉です。このような比較してほめる方法は相手の優越感を刺激してよい感情を生むこともありますが、ほとんどの場合にはそれほど好意的に受け取られません。かえって相手に不信感を与える結果になることも多いですので、避けるようにしましょう。

脳科学的に見ても、悪口を聞くことは脳にとってストレスフルな体験です。研究によると、人はそれが第三者に対してのものであっても、脳内でネガティブな感情を引き起こす神経活動が活発になると言われています。つまり、悪口は自分に対してでも他人に対するものでも、脳はそれをストレスとして受け取り、不快に感じます。このため、他人をけなすことで相手をほめようとしたとしても、相手は悪口のネガティブな影響を強く感じ、結果としてほめている行為の効果は薄れてしまうのです。

そのような脳の無意識の作用だけでなく、**人間の理性のうえでも、他者を悪く言うことで信頼を損なうリスクが十分にあります。**

まず悪口を聞いた相手は、あなたが軽々しく他人の評判を下げている様子を見て、「この人は自分のことも同じように悪く言うかもしれない」という可能性に思い当たるのが自然です。そうなればあなたの評価は「信用できない人」に一気に向かっていってしまう恐れがあります。

また、他人や他社を悪く言っていると、いつの間にか情報漏洩をしている危険も伴います。多少リスク管理感覚のある人なら「この人に大切な情報を任せるのは危険だ」とすぐ想像するでしょう。これはビジネスのメインストリームから外される十分な理由になります。

どんなときでも、他人や他社を悪く言う言葉は慎むのが賢明です。

POINT

他人や他社を悪く言えば、自分の信頼を失うと心得る

106

態度はやんわりと口は堅く

ビジネスの世界で信頼を築くためには、守秘義務を守ることも重要なカギです。顧客やクライアント、ビジネスパートナーとの関係において、重要な情報や内部事情を安全に取り扱うことはビジネスパーソンとしての能力が問われます。契約書や確認書でも取り交わすので誰もがわかっていると思われる一方で、実際の現場では、顧客や取引先から「こっそり教えて」と、他社の情報や内部の事情を尋ねられることがあるかもしれません。そんなときにあなたはどうしますか？

相手との関係を円滑に保ちたいと考えるあまり、「少しぐらいなら」と思ってしまうこともあるでしょう。しかし、そのように時々で譲歩したりしなかったり、という一貫性のない対応はおすすめしません。また、「どうしようかな」といたずらに時間をかけて迷ってもいけません。**自分のモラルとしてあらかじめ線引きしておくことが第一、その後はその線をきちんと守り抜く**ことです。もし、他社の情報を漏らしてしまえば、その瞬間は相手に満足感を与えても、後々「自分たちの情報も同じようにほかに漏らしているのでは」と疑われるのが当然です。あるいは聞いてくる頻度や内容の深度もエスカレートしてくるかもしれません。そこで「前回は話しましたが、今回はダメです」ではいっそう筋が通りにくくなります。態度はやんわりと口は堅く閉じておきましょう。

一時的に「ケチだな」と思われても、**長期的な視点で見れば、情報を守ることこそが信頼を深める行動**です。ただし、口調はやんわりと、「申し上げられないのです」とすまなそうに伝えましょう。「つぎにほかで御社のことを聞かれたときに、困ってしまいますので、お許しください。違う形で精いっぱいサポートさせていただきます」。このように優しい笑顔で言ってください。

ビジネスの世界では、一貫性が信頼を築く要素となります。守秘義務においても一貫した姿勢を示すことがあなたの信頼を強化します。

POINT

自分のモラルとして線引きしたら一貫して守秘義務を守る

107

オンライン打ち合わせでも印象をよくする

オンラインでの打ち合わせは一般的になりましたが、そこでの見せ方で損をしている人はまだまだ多いと感じます。オンラインでの打ち合わせはごくたまにしかないのであれば、それほど問題はないですが、「オンラインでの打ち合わせは頻繁で、初対面も多い」というのなら、今からご紹介することを実践してください。

印象は理屈ではありません。あなたが与える印象は相手の思考が動く前に無意識の領域に入り込み、相手も知覚しないいまままあなたに対する評価として形成され、その後相手の思考に影響するものです。ですから、パソコンの画面に映ったあなたの様子が相手にどんな印象を与えているかは、あなたの人物イメージ、そしてオンラインでの打ち合わせの内容にも影響します。おすすめのポイントは3つです。

1つめは、**顔だけでなくバストアップくらいが映るようにする**こと。自分を映すWEBカメラを顔の高さに上げて、約60㎝離すくらいが理想です。

2つめは、**ライティングをする**こと。暗い顔は人物の印象も暗くします。最近は動画撮影のための手軽な撮影用ライトが売られていますので購入して使ってください。

3つめは、**マイクかヘッドセットを使う**こと。パソコン内蔵のマイクは周囲の音を拾いがちなので、それが相手の耳障りにならないようにするためです。

これらに共通するポイントは、**できるだけ対面で会う様子に寄せた見せ方をする**ことです。信頼を大事にするプロフェッショナルはそうします。ゆがんで下から大写しになった顔を見ながらの面談がもたらす印象では、伝えたい自分の仕事のクオリティが伝わりにくいことを危惧してのことです。「オンラインだから仕方がない」とは考えずに、できるだけ相手が安心して話しやすくする工夫を怠りません。どれも簡単にできるポイントなのに、相手が感じる信頼感はまるで違いますから、ぜひ実践してください。

POINT

簡単にできる3つのポイントで見せるクオリティを上げる

108

「やるべきこと」はすぐやる

「○○の確認をお願いします」「○○案を送ってください」というリクエストを受けたときに「いつまでに」という期限が添えられていないことはないですか？　そんなときは「できるタイミングでいいのかな」とのんびりせず、「やるべきこと」をすぐしてください。これはコミットメントの感覚を問われることでもあります。

前述しましたが、コミットメントは自ら期限や目標を設け、それに対応する行動や結果を能動的に決めていく「仕事への取り組み方」を含んだ概念です。仕事の姿勢が表れます。ここで「**やるべきこと**」**とは、「それがどれくらいでできそうなものか」「（自分の）スケジュールに照らし合わせて、いつまでにできそうか」を判断して、それに応じて適切なレスポンスをするということ**です。

リクエストそのものがすぐにできることかどうかは、分量や作業タイミングにもよりますが、すぐできることは、すぐ着手すれば済むことです。しかし、たとえば、リクエスト自体は簡単だが、バタバタしていて半日してからでないと着手できないというなら、そのままほっておいて時間が経過すると「すぐできることなのに遅いな」と不安に思われるかもしれません。「込み入っているため、夕方くらいにあらためて連絡します」とすぐに連絡を入れておけば、相手は安心し信頼感が強まります。さらに時間がかかりそうなら「〇日までかかりそうですが、よろしいですか？」と相手とのコンセンサスをしっかり取ることでいらぬトラブルを防げます。

もともとは、相手がきちんと期日などを添えてくれればいいのですが、そういった情報不足をカバーしつつ、迅速かつ適切な対応を見せることは、プロフェッショナルとしての信頼ともなり、継続的な信頼関係を築く一助となります。積極的な連絡や確認は、相手を安心させるだけでなく、状況を自分がリードしやすくすることにも役立ちます。

POINT

- やるべきことはいつできるかの確認をして迅速に知らせること

109

相談した人にはかならず報告する

あなたは誰かに相談したあとに、その結果を報告していますか？　些細なことでも、恩義を感じ、忘れないことは信頼に必要な感覚です。これを忘れると、不義理な人間としてせっかくつかんだ信頼を失いかねません。しかし、人間はどうも忘れることのほうが多いようで、これは心理学の研究でもわかっています。ですから、なおさら気をつけておきましょう。

ビジネスでは人に相談する場面がたくさんあります。「ご紹介をお願いできませんか？」「プロジェクトのこの部分について相談に乗っていただけないでしょうか」など、持ちかけるときや相談を受けてもらったときは、誰だって感謝を表していると思います。問題はその後、すっかり忘れてしまうことがあるということです。

本来は相談を受けてくれた相手に対して、結果や進捗まで報告することは、当たり前のことです。相手はあなたの相談に対して時間やリソースを割いているため、その結果がどうなったかを知る権利があります。報告を怠ると、相手は「相談されたが、その後どうなったかまったくわからない」と感じ、次回以降の相談に対する意欲や協力の姿勢が薄れる可能性があります。

しかし、忙しさに追われてしまうと、よほど強い記憶がないと、ちょっとした恩義は忘れてしまいがちです。残念なことですが人間の性でもあるようです。

ですから、**できるビジネスパーソンは忘れてしまう前提で、経過報告をリマインドする工夫をします。**たとえば「○○の件、○○社の○○部長に経過報告」とスケジュールに定期的に入れておいたり、アポイントメント管理で相手先別に「次回は○○の進捗報告をすること」などとメモしたりしておけば、恩義を忘れてそのまま、ということはありません。

ずるい方法に思えるかもしれませんが、どんな方法でも恩義をしっかり覚えておいて相談を受けてくれた相手にフィードバックするなら、そのほうが信頼されます。

POINT

- リマインドの工夫をして、相談した相手にきちんと報告する

110

お礼メールはすぐ送る

初対面でのやりとりのあと、お礼メールを習慣にすることをおすすめします。相手の時間への感謝を示すことは、相手に対してのリスペクトを伝えられる機会です。印象がよくはなっても悪くなることはありません。また、あなたのことを印象づけ、信頼を強化してくれます。

タイミングは、**会った当日か遅くても翌日の午前中くらい**がおすすめです。お礼は「何日かあとにていねいなものを送るより、短くてもいいのですぐに」と言われます。とくに今はビジネスでもチャット機能によるメッセージでの連絡が一般的になっているので、丁重な長い文章を送るより、短く簡潔な文章ですぐ送ったほうが相手も読みやすいでしょう。人間の短期記憶はすぐ消えてしまうものなので、覚えておくためには復習が大事。これは人間関係でも言えることです。

内容はもちろん貴重な時間をもらえたことについてのお礼の言葉です。言葉のパターンはある程度つくっておいていいと思いますが、型どおりでは冷たい印象になります。会話を振り返って、印象深かったことを添えると相手も思い出しやすくなります。つぎのアクションや次回の日程についても書いておくといいでしょう。

お礼だけであれば3〜5行くらい、相手のことや次回のことを書いても10行くらいの簡単さで十分です。ただし、実際の会話の調子にもよりますが、言葉づかいはあくまでていねいでビジネスらしくフォーマルな文体が基本です。距離感を縮めすぎず、冷たくなりすぎず、に注意してください。

なお、初対面のあとだけでなく、折に触れてメールなどで連絡を入れるのは信頼強化に役立ちます。ただし、とりとめのないあいさつだけでは相手を煩《わずら》わすだけなので、何か役立ちそうな情報や自社のニュースがあったときに、読みやすい分量で連絡する習慣にしておくことは相手との接触頻度を上げ、信頼感の維持や強化に役立ちます。

POINT

初対面後はお礼メールで感謝やフォローを行う

111

人の紹介を通じて会うときに気をつけること

人から信頼をいただくと、そこからまた人の紹介を受けるなどうれしい場面があります。紹介で人と会うことは、自分の振る舞いが自分だけでなく紹介者の印象にも影響することはしっかり意識したいことです。とくに紹介者の同行がなく、自分だけが紹介された相手と会う場合は、あなたの印象が伝聞で紹介者に伝わるので、それも考えて振る舞いましょう。その点で気をつけるポイントについて考えてみましょう。

まず、大事なことは、紹介の労をとってくれた方についての話を出すのにもリスペクトが必要だということ。一方で、**その場での主役はあくまで紹介された相手**であるということです。

紹介者への感謝やリスペクトを思うあまり、あまりに頻繁に紹介者の話を持ち出すのは紹介された相手との初対面で、あまりよい印象にならない可能性があります。

最初に、「〇〇さんのご紹介で、お会いする機会をいただけて本当に感謝しています。

とてもよい方で長くおつきあいいただいています」と紹介者をほめたところから、「その○○さんから、非常にご活躍であることを聞いております」と紹介された相手の話題にスムーズに移行していくといいでしょう。

話しの途中で「今回の話は○○さんから、こう聞いている」など、紹介者の影響を話の端々に入れることはあまり感心しません。紹介の事情しだいですが、紹介者の影響を色濃く匂わせると、話している相手の意図をつかみ損ねることがあるからです。**目の前にいる紹介された方のために何ができるかを考えて対応しましょう。**その方が喜べば、結果的に紹介者も感謝されて喜びます。

もうひとつ大事なことは、話の結果を紹介者に伝えていいかどうかを最後に確認することです。ビジネスの内容を本人に何の断りもなく第三者に伝えるのは、いろいろな意味でルール違反にあたり、著しく信頼を損ねる可能性があるからです。もちろん、引き合わせてくれたお礼はしっかり伝えてください。

POINT

紹介者へのリスペクトは忘れず、目の前の人に集中する

112

ゴールの共有が信頼の質を上げる

ビジネスにおいての理想的な関係は「WIN－WIN」、つまり自分側の利益だけでなく相手側の利益を同時に考え、その実現を目指すことです。そのような意識を持つビジネスパーソンは人に喜ばれて成果を出しやすく、営業成績ならトップである人が多い印象です。ただし、その人たちの特徴は、目先の相互利益獲得ではなく、ゴールを共有し、それに沿った結果を実現しようとすることです。

「WIN－WIN」の感覚を持つ人が最初にやることは「相手は何を大切にしているか」「どういう状態を目指すのか」に関心を持つことです。つまり、**相手がゴールとしているものを理解して大切にしようとする**のです。

相手のゴールを知るためには、こんな質問をしてみてください。

「どんな課題を解決しようとしていらっしゃるんですか」

「この業務で大切にされていることは何でしょうか」

「成果として絶対なくてはならないものは何でしょうか」

「絶対避けたい結果は何でしょうか」

相手の答えから、しっかりと内容やキーワードをつかんでおきましょう。

ゴールは、プロジェクトという単位であればそのプロジェクトの意義で「何のためにやるのか」「どういう結果になれば成功と言えるのか」、企業であればどんな理念を大事にしているのか、パーパスは何か、ということになります。

このような部分は、人間の意識全体の中でも「上位概念」と呼ばれる領域に近く、情動にも強く影響するものです。相手のそれに寄り添う姿勢を見せることは相手への強いリスペクトを示すことでもあります。成果を出しやすい人は、そこで信頼の次元を上げていきます。だから、信頼の質がどんどん高くなっていくのです。

「相手はどんなゴールを描いているのか。それに貢献したい」という気持ちがあなたの信頼のステージを上げていきます。

POINT

相手のゴールに関心を持ち、寄り添うことが信頼のステージを上げる

113

信頼され続けるためのマインドセット

「信頼は築くのに時間がかかるが、失うのは一瞬」とよく言われます。前章まで、印象形成や心理的なアプローチで早期に信頼関係を築く方法をお伝えしてきましたが、この信頼は条件のよい土壌に種をまいて、芽が出たようなもの、まだ非常に柔らかく弱く、今後の育て方で丈夫に育つかどうかが分かれます。**信頼の芽をこの先大きく育てるのは、日ごろの行動であり、その行動を支えるマインドセット**です。

ずっと信頼され続けている一流の人たちを見続けていて、気がついたことがあります。それは「**感謝**」**と**「**リスペクト**」**が最終的に大事**だということです。しかし、誤解しないでください。

「感謝」はただ相手に「ありがとうございます」と何度も言い続けることではありません。**どんなことも自分だけの功績と考えず、そこに関わってくれた人や出来事があったことを忘れない**ことです。

「リスペクト」は、やたらていねいな物腰で敬語で話しかけるといった表層的なことだけではありません。**ひとりひとりに尊敬すべきところを認め、公平で節度ある態度で接する**ことができることです。

このようなマインドを持つ人は、相手がビジネス関係者であっても、友人や家族であっても、真摯に接し、約束を守り、大切に扱うことを忘れません。一流の人のそういう部分に触れるたびに、「これが信頼の源なのだ」とわが身を振り返って反省しきりでした。もちろん今もそうです。

それでもマインドの中に持ち続けていただきたいのが「感謝」と「リスペクト」なのです。「今日の自分はどうだったか？」と毎日振り返るだけでも、信頼を守り積み上げることに役立つでしょう。

POINT

感謝とリスペクトをマインドに持つ

114

今すぐ技術を磨き始める

ここまでいろいろなテクニックや知識をお伝えしてきました。**あとは「実践するだけ」**です。私が今まで数多くのトレーニングや研修で人の向上を見てわかってきたのは、実践こそがもっとも速く効果的な方法だということです。

「知っていること」と「できること」は違う。このことを理解している人は、どんな分野に関しても習得や向上が速いと確信しています。このような人は、何かを身につけたいと思ったら、自分の生活の中に落とし込んでいきます。何かにつけすぐに実践しようとするのです。うまくいったと確信すると即、自分の血肉にします。まるでずっと前から持っていた技術のように。そしてうまくいかなかったときは、その理由を考えてまたチャレンジしてみます。そうして少しずつでも確実に前に進みます。

向上が遅いのは、知ったことで満足して、そこで止まってしまう人です。このような人は、たくさんの情報を知っていて、何かあると「それ知ってます。聞いたことがあります」と胸を張ります。しかし、その人がその内容を身につけているように見えることはまずありません。

ただし、そこで「知っていたが、忘れていた」「聞いたことがあったが、できていなかった」と気づく人なら、そこから向上していきます。

これまでに見てきたように、印象は人の心理に大きな影響を与えます。ただし、その差は小さな違いによって生じるものです。**意識して実践を重ねれば、思ったより簡単に身につく**ものです。すべてを一度に完璧にしようと無理をする必要はありません。試してみたいと思うことから始め、時々この本を見返しながら忘れていたことを思い出してまた実践してみてください。脳の学習機能は驚くべきもので、軽い繰り返しでも、無意識にできることが増えていきます。そうしているうちに、いつの間にか、印象をコントロールすることが得意になるでしょう。それだけでなく、すぐに信頼を勝ち取る存在感が身についているはずです。

POINT

- 知ったことを実践し始め、繰り返していけば簡単に身につく

丸山ゆ利絵（まるやま　ゆりえ）
日本初のプレゼンス・コンサルタント。アテインメンツ合同会社代表。五つ星ホテルやエグゼクティブビジネスクラブ経営会社で社長秘書など要職を歴任。一流と言われる財界人と交流を持つ。その中で上に立つ人の資質・リーダーシップの重要要素とされる「エグゼクティブプレゼンス」を研究し、印象コントロール、コミュニケーション力、自己設計の３つの分野から成る修得方法を体系化。2010年からエグゼクティブプレゼンスの企業研修や個人トレーニングを提供し始め、今日まで国内有名企業や多国籍企業の経営幹部2800人以上に指導を行う。著書に『「一流の存在感」がある人の振る舞いのルール』（日本実業出版社）などがある。

一流《いちりゅう》のエグゼクティブが実践《じっせん》する
初対面《しょたいめん》から信頼関係《しんらいかんけい》を築《きず》く　第一印象《だいいちいんしょう》の磨《みが》き方《かた》

2024年12月10日　初版発行

著　者　丸山ゆ利絵 ©Y.Maruyama 2024
発行者　杉本淳一

発行所　株式会社日本実業出版社　東京都新宿区市谷本村町３−29 〒162-0845
編集部　☎03-3268-5651
営業部　☎03-3268-5161　振　替　00170−1−25349
https://www.njg.co.jp/

印 刷／三省堂印刷　製 本／共 栄 社

ISBN 978-4-534-06153-9 Printed in JAPAN